RANE

REGIN

URD

RING

VEGA

ROTA

VESTERBOTTEN

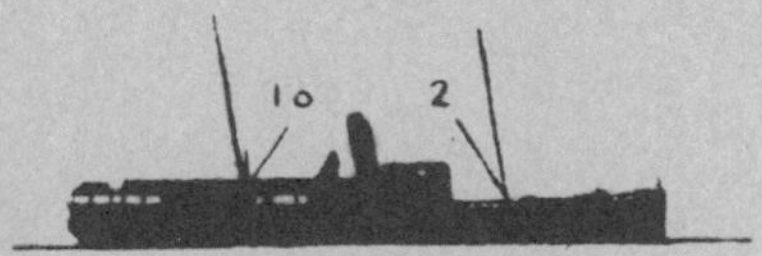

RUNEBERG

WARIA

RÖNNSKÄR

WARJO

SKARABORG

WARUN

GRÄNSLÖS SJÖFART

★

Torbjörn Dalnäs

SJÖHISTORISK ÅRSBOK 2008–2009

GRÄNSLÖS SJÖFART ★ TORBJÖRN DALNÄS
SJÖHISTORISK ÅRSBOK 2008–2009

Boken är utgiven av Föreningen Sveriges Sjöfartsmuseum i Stockholm.
Upplaga: 3 500 ex.

Produktion: Statens maritima museer / Sjöhistoriska museet
Redaktör: Jenny Rosenius
Redaktionsgrupp: Hans Christner, Torbjörn Dalnäs, Hans-Lennart Ohlsson, Claes Wollentz
Bildbearbetning: Anneli Karlsson, Karolina Kristensson
Grafisk formgivning: Magnus Bergström, Bergström & Co. AB, Lund / bco.se
Tryck: Lenanders Grafiska AB
Boken uppfyller kraven för Svanenmärkt trycksak

ISBN: 978-91-976923-4-2
ISSN: 0349-019X

Stella Polaris
Göteborg juni 1946. Fartyget Stella Polaris.
Foto Kamerareportage.

INNEHÅLL

gamla fartyg dör aldrig – de bara försvinner ur sikte ...

Panama

Göteborg, februari 1947. Anhopning av fartyg i Göteborgs hamn på grund av kylan. Båten heter Panama och tillhör Johnsonrederiet. Foto Kamerareportage.

Förord

Ur vinterdimman på Stockholms ström
tonar en dov atlantisk sirén,
en Johnsonbåt glider in i min dröm
med minnen från Samborombon och Neuquén.

Så börjar Evert Taubes sång Vit man och Kinaman. Idag är det bara vinterdimman som kan ses på Stockholms ström. Har man tur kan man höra ljudet av en dov atlantisk sirén när kryssningsfartygen tackar för besöket men en Johnsonbåt får vi nog bara återse i vår dröm.

Sverige är mer beroende av sjöfart än någonsin. Uppgifterna varierar men vi vet att över 80 procent av alla transporter till och från Sverige går med båt. År 2006 var drygt 13 000 personer sysselsatta inom sjöfartsnäringen. Lägg därtill hamnarna med sin verksamhet och hela det som kallas sjöfartsklustret, så kommer du upp i 220 000 personer*. Men det är tyvärr också en näring som blir alltmer osynlig för gemene man. Få har kontakt med, eller överhuvudtaget en uppfattning om, sjöfarten idag. Effektiv lasthantering kräver större anläggningar utanför stadskärnorna och ökade säkerhetskrav gör hamnarna slutna, instängslade och bevakade. Det var länge sen man kunde vinka av kustångarna från Skeppsbron i Stockholm eller amerikabåtarna från Amerikakajen i

Eriksbergs varv 409 000-tonnare, Nai Genova.
Foto Kamerareportage.

Göteborg. Men det är säkert heller ingen idag som vinkar av en containerbåt från Skandiahamnen, en oljetanker från Brofjorden eller en biltransportbåt från Södertälje. Men de finns där. I en aldrig sinande ström för de fram och åter de varor vi behöver för vår existens och vår välfärd, år ut och år in. Problemet är inte att sjöfarten inte finns utan att den inte syns.

Sjöhistoriska museets invigdes den 28 maj 1938. I 70 år har museet arbetat med att beskriva den svenska sjöhistorien ur alla tänkbara vinklar. Föreningen Sveriges Sjöfartsmuseum i Stockholm har ända sedan 1913 arbetat för denna sak och ekonomiskt stöttat museet i detta arbete. Visst passar det då utmärkt att jubileumsåret ge ut en årsbok med titeln Gränslös sjöfart!

Skribenten och fd sjömannen Torbjörn Dalnäs har, med hjälp av en redaktionsgrupp bestående av Jenny Rosenius, Hans Christner, Claes Wollentz och Hans-Lennart Ohlsson, tagit fram en årsbok som vänder sig till en bred publik. Vår förhoppning är att denna årsbok stimulerar till ytterligare läsning om vår sjöhistoria och lockar nya besökare till Sjöhistoriska museet med sina utställningar, arkiv och bibliotek. Men framförallt hoppas vi att den kan fungera som en lättläst historiebok om svensk sjöfarts utveckling under de senaste 100 åren.

RONALD BERGMAN
ORDFÖRANDE

HANS-LENNART OHLSSON
MUSEICHEF

**Källa: Sveriges Redareförening, Klusteranalys 2006.*

Inledning

Inledning

Första gången jag såg ett svenskt fartyg måste ha varit på 1950-talet. Min skola, Svenska Normallyceum, låg strax intill Södra hamnen i Helsingfors. Under hål-timmarna var vi många pojkar som gärna tog en tur längs kajerna, från Pack-huskajen närmast Salutorget och centrum mot Olympiakajen längst ut mot Sveaborg och Finska viken. Den nya kajen med terminal i gult tegel hade in-vigts till de olympiska spelen i Helsingfors 1952.

Där låg passagerarångarna i rad efter varandra, från Arcturus som gick till Antwerpen, och lilla Kastelholm, som kryssade på Östersjön, till alla de andra (s/s Oihonna, Ariadne, Wellamo, Aallotar, Bore II, Bore III, Birger Jarl, Hroar eller Botnia) på väg till Lübeck, Stockholm eller Köpenhamn.

Medan flyget ännu trampade i barnskorna var Södra hamnen Finlands port mot utlandet. För resan till Stockholm var det på 1950-talet någon av De samseglandes vita ångare man valde, och vid öppet vatten var linjen från Hel-singfors den populäraste. Under vintern måste man åka över Åbo, men från påsk till trettondag trafikerades Helsingfors.

Bland Stockholmsbåtarna tyckte jag alltid s/s Birger Jarl var den mest spännande. Hon var den nyaste och så vidunderligt bländande vit! Skrovets ele-ganta linjespel harmonierade med överbyggnaden som då ännu var lika elegant. I ett senare livsskede skulle hennes profil brutalt förstöras, först av en bilhiss ak-terut och sedan av ett lådliknande salongskomplex.

Sveriges flagga blåste stolt i aktern, och ombord fanns räkor och Pripps öl. Inget av det fick jag uppleva då, men väl senare. Nästan alla de andra båtar-na hade Finlands blåvita flagga i aktern, bara svarta Hroar och Botnia var exo-tiska med Dannebrogen i aktern. På dem spelades också grammofonmusik före avgång: vi lärde oss snart ”Wonderful, wonderful Copenhagen” utantill.

Men Birger Jarl var på något sätt i en alldeles egen klass för sig. Hon var modernast, och i jämförelse åtminstone med Oihonna och Kastelholm också störst. Rederiflaggen med Sveabolagets vackra S och måsar inom en dekorativ repslinga blåste från flaggrån, och inte en fläck smutsade den bländande vita utsidan. Så skulle ett fartyg se ut.

Senare fick jag en svensk flickvän, som brukade åka med Birger Jarl mellan Helsingfors och Stockholm. Jag föreställde mig henne i en elegant enkelhytt i första klass (ofta nummer 1 på styrbords sida strax akter om röksalongens lilla bardisk) och avundades de lyckliga människor som fick resa med detta fartyg.

Ett halvsekel senare kunde jag själv boka samma hytt, som nu hade ett annat nummer. Då var extra kojer inbyggda i den också från tidigare trånga hytten. Klassindelningen var borta, och borta var också husfru Märit Saarinen som tidigare kunnigt och vänligt presiderat i matsalen. Lasse Carlsson, som var befälhavare på Birger Jarls sista tur från Helsingfors till Stockholm 16 september 1971, var pensionerad, och minnena och traditionerna från Helsingforsrutten borta för alltid. Bara flaggan i aktern var, liksom namnet – efter långa år av avbrott – de ursprungliga, stolt och historiskt svenska.

Havet tar

Två andra minnen av svenska fartyg har inte samma nostalgiska laddning. Under 1960-talet blev två svenska fartyg totalförluster i finländska vatten.

Den 27 oktober 1961 grundstötte m/s Coolaroo vid Gråskärsbådan utanför Helsingfors. Rederi AB Transmark i Göteborg hade bara fem år tidigare tagit leverans av ett linjerent fartyg för frukttraden på Australien. B&W:s dieselmo-

Birgel Jarl
Fotograf okänd. Ur Olle Svenssons samling / SMMs arkiv.

torer från byggvarvet Eriksberg gav en fart av 17,5 knop, men varken fartygets prestanda eller trivsamma passagerarinredning betydde längre något, när Cooloroo rände upp på grundet.

I stället innebar Coolaroo den första allvarliga oljekatastrofen i Finland. Stora delar av skärgården öster om Helsingfors sölades ned, men vrakrester spred sig ännu längre. Min granne här på Emsalö mer än fem mil från olycksplatsen bärgade en halv livboj. Och fortfarande utgör välfyllda oljetankar i Coolaroos sönderbrutna vrak en tickande miljöbomb på tröskeln till Helsingfors.

Den 12 november 1967 rände svenska m/s Torsholm, tillhörande AB Svenska Amerika Linien, upp på klipporna vid finländska Utö. Hon var på resa från Malmö till Åbo, men kom ur kurs. Vattnen här är farligt förrädiska med åtskilliga vrak. Hela 94 förlisningar finns listade vid Utö sedan 1735 skriver

Stefan Lundberg i Skäriboken (2002), ett exempel på den rika flora av svensk litteratur med havsanknytning som utges i Finland.

I finlandssvensken Benedict Zilliacus klassiska bok Utöar (1974) har Henrik Tikkanen en tuschteckning som visar det halvt upphuggna vraket av Torsholm stående praktiskt taget på stranden nedanför fyren. Utsidorna är ännu vita – även om hål skurits upp för att underlätta skrotningen – och ett par ventilatorer pekar trotsigt upp från backen.

Vraket fanns länge kvar klart synligt högt på klipphällarna, ett memento mori för vaktbefälet på alla lastfartyg som tog leden via Utö. 1981 fick kommundirektören nog och krävde att vrakresterna skulle tas bort. I dag tvingas man fråga utöborna själva för att få vrakplatsen angiven.

Men fartyg under finländsk flagg har lämnat dystrare minnen än så i svenska vatten. I januari – fasornas tid på Östersjön förr – 1945 kantrade FÅA:s laståångare Vesta i storm nära Argosgrund. Lasten av spannmål till krigshärjade och utarmade Finland hade förskjutit sig, och tolv ur besättningen följde fartyget till botten. Och i januari 1969 kantrade bara två år gamla torrlastaren Bore IX nordost om Almagrundet i storm. Sex ur besättningen drunknade.

Längre söderut finns två andra finländska sjömansgravar. Bulkfartyget Malmi sjönk i kokslast den stormiga natten till 7 december 1979 nordost om Gotska sandön, och åländska Karelia strandade vid samma ö 23 mars1986 efter lastförskjutning i storm. De två haverierna krävde 20 finländska sjömäns liv.

Om Coolaroo och Torsholm inte gjorde någon reklam för svensk sjöfart fanns det andra, lyckligare fartyg, som gjorde det i desto högre grad. Besök av Broströms, Johnsons eller Transatlantics stora fartyg i trafik på främmande världsdelar var en imponerande syn i Helsingfors. I närtrafiken på Sverige växte både Siljas och Vikings flottor under svensk flagg. För mig blev speciellt Slite-rederiets (sista) flaggskepp m/s Olympia en kär vän, förd av bland annat ålänningen Yngve Hägerstrand. På jungfruresan i maj 1985 från byggvarvet i Åbo till Stockholm nuddade Olympia bottnen i Slite, när skeppsredare Carl-Bertil Myrsten stolt ville visa upp sitt nyförvärv hemma på Gotland. Det var ett fartyg med stil och trivsel bland personalen, och sorgen på Helsingforslinjen var påtaglig när Rederi AB Slite tvingades bort från arenan. Nyligen mötte jag Olympia i hennes nya skepnad som Pride of Bilbao. I hög swell från Biscaya och pinande vind gick hon stolt ut ur hamninloppet vid Bilbao insvept i moln av rykande sjöar. Ett fint fartyg, konstruerat av svenskar och byggt av finländare.

Mycket gemensamt

När man från Finlands horisont ser på fartyg och sjöfart under svensk flagg blir den svenska mångfalden – från tankers till skärgårdsångare – i tonnage påfallande. Samtidigt är beröringspunkterna med Finland så oerhört många.

När min favorit på Göta kanal, m/s Wilhelm Tham, sakta tar sig fram över Viken en stilla sommardag eller slussar i Berg är det Sveriges flagga som vajar ombord. Ändå kan jag känna en lätt blåvit ilning i bröstet: Ägarfamiljen von Rettig är ju finländsk! Sveriges största flotta av utflyktsbåtar i det mindre formatet ägs av samma familj, som fortfarande är aktiv inom sjöfarten med rederigrupperingen Rettig Bore Line.

Flaggskeppet här, s/s eller m/s Stockholm, beroende på vilket maskineri som används, gjorde på sin tid historia i Finland. I december 1958 hette hon Korsholm III och var den första bilfärjan i trafik mellan Finland (Vasa) och Sverige (Umeå). Staden Vasa grundades för övrigt av Karl IX år 1606, när Finland och Sverige var samma land… Först i maj 1959 sattes Vikinglinjens första bilfärja, turbinångaren Viking, i trafik mellan Finland och Sverige.

Om jag flanerar genom det maritima centret i Göteborg möter jag minst tre fartyg med anknytning till Finland. Fyrmastade barken Viking hörde en gång till Gustaf Eriksons stolta flotta av veteseglare i Mariehamn. SAL:s gamla feederfartyg Marieholm såldes efter en tid av förnedrande uppläggning i Malmö till Finland. Men pengarna tog slut innan upprustningen blev klar, och Marieholm gick ett lyckligare öde till möte i Göteborg. Och den lilla lastbåten Fryken av Kristinehamn var i tio år (1961-71) finländsk med Borgå som hemort, då hon hette Svanö.

Beröringspunkterna är många. När gotländska vikingaskeppet Aifur i juli 1994 tog sig från Sigtuna till S:t Petersburg och Holmgård (Novgorod) var det den finländska kusten man följde, i vikingarnas fotspår. Därav kom att jag en natt på Emsalö fick tillfälle att hjälpa en modern svensk viking med laddning av mobilbatteriet.

Och världens rimligen äldsta bevarade Waxholmsbåt finner man naturligtvis också i Finland. Södra varfvet i Stockholm levererade i juni 1869 Waxholmsbolagets första propellerdrivna skärgårdsångare, döpt till Fredriksborg efter fästningen vid Oxdjupet som varje dag passeras av finlandsbåtarna. År 1890 hamnade hon i Finland, för att 1912 inleda ett kort gästspel i Estland. Därpå återvände hon till den blåvita flaggen, som hon under många olika namn fört resten av sitt liv, senast som kaféfartyget Katarina i Åbo.

Vid kajerna i Åbo ligger en annan gammal svensk, också hon en flytande servering. Det är Majland, byggd 1856 i Motala som s/s Transit No 4 för trafik mellan England och Ryssland via Göta kanal. 1919 hette hon Gute, och sattes in mellan Stockholm och Åbo i ett tappert men misslyckat försök att konkurrera med de etablerade rederierna på linjen. Gute såldes snabbt till Åland, och efter bara tre år köptes hon av De samseglande för att så småningom bli pråm, och till slut alltså kaféfartyg i Åbo.

De samseglande rederierna är det typiska exemplet på samarbete mellan svenska och finländska redare i trafiken mellan Finland och Sverige. 1918 började Stockholms Rederi AB Svea, Finska Ångfartygs Aktiebolaget (Helsingfors) och Ångfartygs Ab Bore (Åbo) samarbeta, först i trafiken på Åbo, men tio år senare även på Helsingforslinjen. De tre rederierna samordnade sin finlandstrafik men gav ut egna turlistor och biljetter. Alla tre bedrev också "egen" trafik vid sidan av samseglingen. Möten hölls omväxlande i Finland och Sverige, och 1957 grundade man AB Siljarederiet i Åbo. Det finländsk-svenska samarbetet inom efterföljaren Silja Line sköts i sank när Bore och Svea lämnade bolaget, och i dag kontrolleras de få återstående "vita båtarna" av ester.

Gott samarbete

Trots att senaste vintrar ofta varit rätt milda har Finland och Sverige länge haft ett gott och fördjupat samarbete kring isbrytning. Svenska isbrytare har ibland byggts i Finland. Sjömanskyrkorna samarbetar, liksom naturligtvis sjöräddningen. För välfärden ombord svarar Sveriges Sjömansservice, ofta i gott samarbete med Finlands Sjömansservicebyrå. Enda skillnaden här är kanske att kultfilmen Martha ännu inte fått den uppskattning den förtjänar i Finland.

Finländskt sjöfolk har ofta arbetat i svenska fartyg. Det omvända förhållandet är mer sällsynt, och beror väl på att de tvåspråkiga tornedalingarna inte i någon högre grad är kända som sjöfarare. Tyvärr bryr sig svenskar också i övrigt alltför sällan om att lära sig finska. På djuphavsseglarnas tid var det många unga svenskar som skaffade sig sin praktik på åländska fullriggare och barkskepp, men där var språket det gemensamma, svenska.

Svensk flagg har ibland – av strategiska eller andra skäl, som nu senast snusförsäljningen – lockat finländskt tonnage. Men finländsk flagg har också haft sin attraktionskraft, kanske främst av ekonomiska skäl. Svensken Gustaf Thordén byggde upp sin flotta med Brändö – då en självständig kommun – i nuvarande Helsingfors som bas. Under krigsåren flyttades fartygen emellertid över till svensk flagg. I dag kan Thordéns historia avnjutas i Uddevalla, men är mer glömd i Finland.

Thordéns fartyg kom i ett skede också att bli en av Sveriges få vägar över haven i väster. Barbro Alving, känd och uppskattad som signaturen Bang både i Sverige och i Finland, skulle i juni 1941 återvända från New York till Sverige. Den enda väg över havet som då stod till buds för en kvinna var som passagerare på finländska lastfartyget Astrid Thordén i trafik på Linhammar i Petsamo, då finländskt territorium. Resan tog 15 dygn.

"... att vänja sig vid kronisk livsfara"

I sin bok Bang, Klipp ur nuets historia, citerar hon sin artikel i Dagens Nyheter 17.6.1941 om resan hemåt. Bland de tolv passagerarna ombord fanns också Harry Brandelius, som lär ha fått inspiration till en ballad av resan. Sex minor passerades nära intill sidan, och Astrid Thordén gick med livbåtarna utsvängda.

Fartyget gick på en route med fri lejd, både engelsk och tysk. Tyskarna sänkte icke förty allt som flöt på vattnen", skrev hon, och fortsatte: "Det är skäl att man själv och ens landsmän värmer upp sin platoniska respekt för fraktångarfolket till verklig beundran för att det finns några som tar på sig uppgiften att vänja sig vid kronisk livsfara.

Vid Thorshavn på Färöarna, där finländska lastångarna Kastelholm, Josefina Thordén och Fenix sänkts av tyskarna, tog man ombord tjugofem överlevande sjömän. Fenix, som gått i bensinlast, hade övertänts och brunnit som en fackla, men man lyckades sätta ut en livbåt. Då cirklade de tyska planen tre gånger över båten som besköts. Kaptenen dog av sina skottskador efter fem timmar. Från Josefina Thordén, också hon i oljelast, förintades 17 man i det brinnande oljehavet. De överlevande från Kastelholm satt 48 timmar i livbåten innan de blev räddade.

En svensk journalists skildring av finländska sjömäns fasor på Nordatlanten, skriven ombord i ett finländskt fartyg, ägt av en svensk och fört av den åländska kaptenen Fredrik Wennerström. Kan samhörigheten mellan två folk och länder bli mer påtaglig?

När olika former av arbetskonflikter hotat trafiken mellan Finland och Sverige har det varit praktiskt att ha flottan fördelad under de båda grannländernas flaggor. Men vad betyder flaggen? Finnlinks färjor mellan Kapellskär och Nådendal eller Nordö-Links mellan södra Sverige och Travemünde har gärna svensk flagg. Ändå är ägarkoncernen Finnlines i Helsingfors ägd av italienska Grimaldi.

Ett annat exempel är nybyggda snabbfärjan Viking XPRS, som sommaren 2008 med 475 000 passagerare vida överträffade alla förväntningar i trafiken mellan Helsingfors och Tallinn. Fartyget går under svensk flagg, men ingen av de 200 i besättningen är svensk. Det finns alltför få tvåspråkiga svenskar för att klara arbete i en miljö där kunskaper i finska – eller estniska – också krävs. Detta ger två- eller mångspråkiga finlandssvenskar en fördel, och kan vara en förklaring till att sjöfart är en populär näring i denna folkgrupp. Och trafikintäkterna då? De hamnar rimligen i slutändan på Åland, som är den framgångsrika rederikoncernens hemort och Finlands klassiska sjöfartsvagga.

Göteborgs hamn. Bild från omkring 1940-talet. Foto Thure Christiansson / Kamerareportage

Vår gemensamma historia

Ålands sjöfartsmuseum är Finlands främsta när det gäller dokumentation av segelsjöfart. Museet ger också årligen – naturligtvis på svenska – ut en bok, som av artighet gentemot den bok du nu håller i handen blygsamt kallas årsskrift.

I Åbo finns Forum Marinum med bland annat en betydande samling museifartyg, inkluderande Sigyn, som i tiden byggdes för redare i Råå. Intill ligger Sjöhistoriska institutet vid Åbo Akademi med ett utmärkt arkiv, som regelbundet besöks av både svenska och finländska fartygsforskare. Institutet har bland annat en imponerande samling fartygsjournaler och all service fungerar på både svenska och finska.

I Lovisa – en finländsk stad uppkallad efter en svensk drottning – finns också ett sjöfartsmuseum, med starka traditioner från slutet av den svenska tiden i Finland. Och här bygger skickliga träkarlar upp Hoppet. Det är en skuta som byggdes 1915 i estlandssvenska Dirham och senare seglat med finländska och åländska skeppare för att i slutändan bli svensk fritidsbåt. Senhösten 1944 rekvirerades hon för att hjälpa ryssarna att driva ut tyskarna från Dagö och Ösel. Nu skall hon återuppstå som en flytande folkhögskola på Östersjön för ungdomar från Estland, Finland och Sverige.

Under 2008 fick Finland äntligen ett nytt nationellt sjöfartsmuseum. Efter regionpolitiska lobbningar placerades det långt på sidan om nuvarande farvägar, i sjöfartsstaden Kotka mindre än fem mil från ryska gränsen. Om utvecklingen i Ryssland emellertid är fortsatt positiv kan placeringen ändå visa sig perfekt. Finland var en del av Sverige i 600 år och ett ryskt storfurstendöme i drygt 100 år. Östersjöns sjöfartshistoria är vår gemensamma historia, värd att lära känna mycket bättre än i dag. Det bidrar Sjöhistorisk årsbok till.

Emsalö, Borgå skärgård, Finland i september 2008

THURE MALMBERG

Svea affisch. Foto: Johan Jonson / SMMs arkiv.

1

Linjetrafikens genombrott

Icke allenast handel och vandel utan ock detta rikes välfärd näst Gud består på seglats och skeppsfarten.
Sagt av unge kung Gustaf II Adolf inför Stockholms borgarskap 1617.
Så sant! Ur transportsynpunkt är Sverige – liksom vår skandinaviske tvilling Norge – en ö, men det är även sant i en vidare mening.

1 Linjetrafikens genombrott

Planeten Jorden täcks till mer än två tredjedelar av vatten ("medan resten är till för att förtöja vid", som sjömannen och visdiktaren Lasse Dahlquist lär ha uttryckt saken). Ungefär 90 procent av allt transporterat gods fraktas av fartyg.

Sjöfarten är evig – men konjunkturkänslig. Mot slutet av 1800-talet rådde en mycket långvarig lågkonjunktur. Åtskilliga rederier gick i kvav. Andra stampade i tung motsjö men lyckades hålla sig flytande.

Deras sjöanställda befann sig i ett skede som har kallats nävrättens tid. Fackligt medinflytande var ett mycket avlägset – om ens skönjbart – mål. Om någon hade talat om ordnade former för kapital och arbete att leva med varandra i en anda av ömsesidig respekt, hade nog den personen betraktats som mer än lovligt naiv.

Många svenska sjömän sökte sig till brittiska och amerikanska fartyg, där hyran var mycket högre och kosthållet mycket bättre. Deras omvittnat goda yrkesskicklighet – sjömanskap – skattades högt. Så även det faktum att de seglade för lägre hyra än flaggländernas egna sjömän. De skandinaviska sjömännen var i decennier ett dominerande inslag i världshandelsflottan, sin tids "filippinare".

Handelsflottan befann sig mitt i ett systemskifte, övergången från segel till ånga. Just i språnget över till 1900-talet nåddes en historisk milstolpe. Den svenska handelsflottans 872 ångfartyg tuffade med sina totalt 300 000 nettoregisterton förbi de 2 040 segelfartygens samlade nettotonnage, till stor del tack vare inköpt brittiskt andrahandstonnage. Stolta briggar och skonerter började i symbolisk mening dejsa, dra sig akteröver. Deras tid var utmätt.

Tidig svensk linjetrafik

1800-talets snabba industrialisering gjorde att britter och skandinaver fann varandra. De hade kol, vi hade malm och skog, och dessutom prima spannmål att exportera till de brittiska städernas växande befolkning. Mycket betydelsefullt i den skandinaviska utvecklingen var partrederisystemet, med dess seglande delägare och rötter i den urgamla bondeseglationen längs våra kuster. Likaså var fartygsutvecklingen av stor betydelse, med allt mer effektiva ångmaskiner för fartygsdrift, så småningom ersatta av ångturbiner och dieselmaskinerier. Snart väcktes krav på att den svenska varvsnäringen borde återuppbyggas och utvecklas.

En tidig föregångare i denna trafik var Ångfartygs AB Svenska Lloyd, som bildades i Göteborg 1869 och snart följdes av en rad andra rederier som grundades vid denna tid. Varför just då? Paradoxalt nog kan krig, som brukar kräva en oerhörd tribut i sjömansliv och sänkta fartyg, också vara en ekonomisk vitamininjektion för sjöfarten. Det för det just enade Tyskland segerrika fransk-tyska kriget 1871 var inget undantag utan ledde till ett påtagligt uppsving för näringen.

Samma år tog fyra stockholmska grosshandlare initiativ till det som skulle bli ett av Sveriges största och mest långlivade rederier någonsin, Stockholms Rederi AB Svea (som i decennier även ägde Stor-Stockholms mest långlivade nybyggnadsvarv, AB Finnboda Varf). Rederi-Sveas första utlandslinje blev Stockholm-Lübeck 1874, då de relativt nybyggda hjulångarna Svithiod och Gauthiod sattes i trafik (ej att förväxla med de namnar, som Handelshuset Schön & Co hade satt in på samma trad 1838 respektive 1841). Bolaget växte

Emanuel Högberg – ”Mr Rederi-Svea”. Foto ur Erik Holmbergs samling / SMMs arkiv.

snabbt genom att köpa upp mindre ångbåtsbolag med fartyg i trafik på Östersjön och längs den svenska kusten. Så småningom tog Svea, genom sitt dotterbolag Linjebuss International, initiativ till det som skulle utvecklas till det numera Stena Line-ägda Scandlines i Helsingborg. Svea hade även ett stort antal lastfartyg i transocean trampfart.

Långt tidigare, vid krigsslutet 1918, hade Svea anslutit sig till den av Finska Ångfartygs AB och Ångfartygs AB Bore återupprättade passagerarlinjen mellan Stockholm och Åbo. Här finner vi föregångaren till det sedermera Johnson-delägda och numera Tallink-ägda Silja Line. 1975 köptes Svea upp av Nordstjernan, och 1981 avvecklades dess rederiverksamhet under eget namn. Den person som allra mest förtjänar epitetet ”Mr Rederi-Svea” är Emanuel Högberg. Han tillträdde som VD 1934 och fanns kvar i bolagsledningen ända till samgåendet med Johnson Line. Högberg lämnade efter sig ett modernt rederi som på passagerarsidan var i världsklass, om än i ekonomiskt trångmål.

Bland de sjöanställda var Svea, i likhet med Svenska Lloyd, ej känt för något kulinariskt överdåd i besättningarnas kosthåll ombord. Därför gick mässarnas skeppsskorpor under de skämtsamma beteckningarna ”Sveabakelser” respektive ”Svenska Lloyd-bakelser”.

Det hade inte börjat bra för Svenska Lloyd. Rederiets första fartyg, nybygget s/s Sverige, förliste redan under premiäråret. Bolaget upplöstes och rekonstruerades, och 1873 inleddes linjetrafik på England. Strax därefter tog Svenska Lloyd över en väl inarbetad linje mellan Göteborg och Hamburg, som dittills hade bedrivits av samarbetspartnern August Leffler & Son.

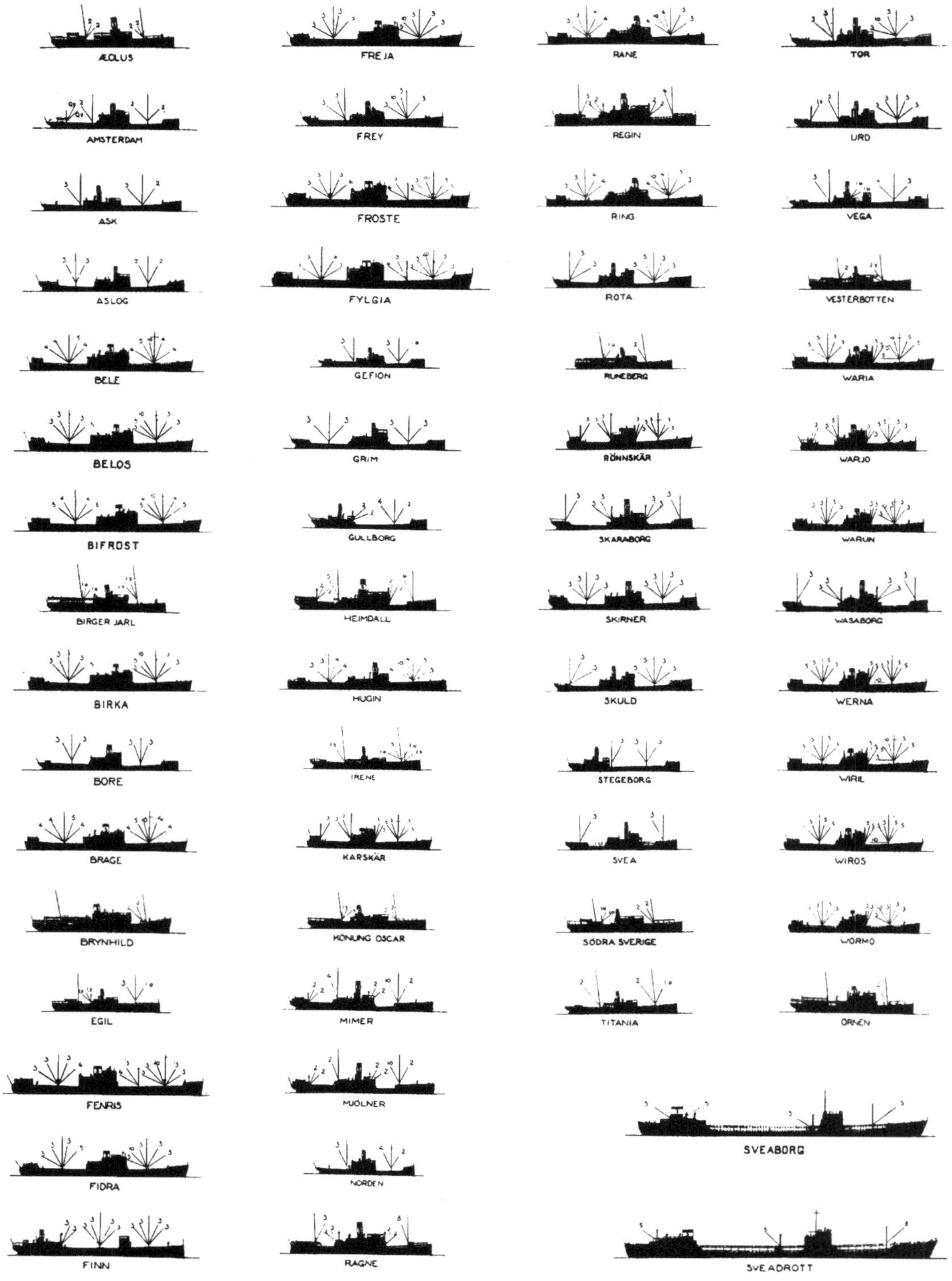
ÆOLUS
AMSTERDAM
ASK
ASLOG
BELE
BELOS
BIFROST
BIRGER JARL
BIRKA
BORE
BRAGE
BRYNHILD
EGIL
FENRIS
FIDRA
FINN
FREJA
FREY
FROSTE
FYLGIA
GEFION
GRIM
GULLBORG
HEIMDALL
HUGIN
IRENE
KARSKÄR
KONUNG OSCAR
MIMER
MJÖLNER
NORDEN
RAGNE
RANE
REGIN
RING
ROTA
RUNEBERG
RÖNNSKÄR
SKARABORG
SKIRNER
SKULD
STEGEBORG
SVEA
SÖDRA SVERIGE
TITANIA
TOR
URD
VEGA
VESTERBOTTEN
WARIA
WARJO
WARUN
WASABORG
WERNA
WIRIL
WIROS
WORMO
ÖRNEN
SVEABORG
SVEADROTT

25. Kungliga Biblioteket, Stockholm

Ur boken "Passagerarfartyg på affischer" Red. Thure Malmberg / Peter Raudstepp. Helsingfors 2001.

Denna maritima veteran hade etablerats i Göteborg redan 1781, ett år då Ostindiska Kompaniet var still going strong och dess trotjänare Lovisa Ulrica och Drottning Sophia Magdalena ännu en gång avseglade mot sina fjärran mål. Parallellt med att Svenska Lloyd startade sin Englandstrafik bildade Leffler sitt eget Ångfartygs AB Thule, som från start var inriktat på passagerartrafik till England; i betydande utsträckning ett slags matartrafik med emigranter till de stora atlantångare som utgick därifrån. 1916 köpte Svenska Lloyd upp Thule och blev därmed i många decennier framöver helt dominerande i den svenska passagerartrafiken på England. På godssidan utsträcktes rederiets linjetrafik snart ända till Medelhavet.

Under 1800-talets sista decennier var emigranttrafiken till Amerika mycket omfattande. Någon svensk direkttrafik kunde emellertid inte förverkligas förrän krigsåret 1914, då Svenska Amerika Liniens föregångare Rederi AB Sverige-Nordamerika bildades med s/s Stockholm (ex Potsdam) som sitt första fartyg. Då var den stora emigrationsvågen – som hade fört en miljon svenskar till Amerika – nästan över, vilket emellertid inte betydde att behovet av en passagerarlinje dit hade upphört.

August Leffler & Son finns kvar i högönsklig välmåga efter en lång och variationsrik tillvaro i sjöfartens tjänst, numera slimmad till en renodlad hamnagentur. Grundaren, den från Breslau (dagens polska Wrocław) invandrade August Leffler, torde mysa förnöjt uti sin himmel.

Ytterligare en tidig närtrafikveteran i linjesjöfarten var föregångaren till det som senare skulle kallas Bratt-Götha. Ångfartygs AB Götha bildades i Göteborg 1870, gick omkull men rekonstruerades något år senare och rönte betyd-

Minne från en svunnen tid. Bevarad fasadreklam i centrala Helsingborg. Foto Torbjörn Dalnäs.

STENKOLS A/B LUNDVALL & Co
Största Import
AF
ENGELSKA
STENKOL
ANTHRACITE
SMIDESKOL
OCH
KOKS
Specialitet:
LANGWITH
=HUSHÅLLS
KOL
OCH
BECKTON
Värmelednings
KOKS
LUNDVALL & Co

ande framgångar i trafiken på Nederländerna och Belgien. Göthas fartyg tog även passagerare. 1877 bildades Adolf Bratt & Co, som var inriktad på kol- och koksimport från England. Bratt tog över Götha 1944.

I mitten av 1960-talet bildade Göteborgsrederiet Transoil och Stockholms-dito Rex ett passagerarrederi, i syfte att utmana Svenska Lloyd på Englandslinjen. Efter initiativtagarnas initialer blev det nya rederiets namn Tor Line. Bratt-Götha blev delägare – för att snart sugas upp i Transoil-Rex-sfären, som 1967 i sin tur blev en del av Salénkoncernen. Sedan 1981 ingår Tor Line i anrika danska Det Forenede Dampskibselskap (DFDS), som bildades redan 1828 med affärsidén att frakta kött och kreatur till brittiska hamnar.

Snåriga historiska trådar löper således kors och tvärs genom den svenska närlinjetrafikens drygt ett och ett halvt sekel långa historia. Men som det allra första linjerederiet räknas ett numera föga känt bolag i Halmstad; Hallands Ångbåts AB, vars föregångare bildades 1850. Rederiets första fartyg, s/s Halland, sattes inledningsvis in på traden Göteborg-Köpenhamn via halländska och skånska hamnar. Snart utsträcktes linjen till Lübeck. 1924 blev bolaget en del av den expansiva Broströmskoncernen.

Rederiets skorstensmärke och rederiflagg fick tidigt formen blå och gul botten med en röd, en grön och en vit stjärna, vilket symboliserande babords-, styrbords- och topplanternan enligt den lanternföringsordning som fastställdes just på 1850-talet. Ett snarlikt flaggmotiv har Ångfartygs-Befälhavare-Sällskapet i Stockholm, som bildades 1857.

Linjetrafik på södra Afrika

Det franska uttrycket fin de siècle antyder en livstrött och uppgiven attityd. Det syftar på den tidsanda som rådde i Europa då 1800-talet började lida mot sitt slut. Inte minst satte den spår i konsten och litteraturen. Utifrån ett både maritimt och allmänmänskligt perspektiv skildrades tiden mästerligt av den exil-polske sjömannen Jósef Konrad Korzeniowski, som under namnet Joseph Conrad skulle erövra det engelska språket och bli en av dess ledande författare. Ett av hans främsta verk, Lord Jim, kom ut just år 1900.

Europa var ännu världens politiska medelpunkt men bestod av inbördes stridande makter. Sjöfarten höll ihop detta djupt splittrade maktcentrums beståndsdelar med deras lönsamma periferi, kolonierna.

Boerkriget i det sydligaste Afrika var en av det förförra sekelskiftets blodiga kolonialkonflikter. Även svenska trampfartyg fraktade krigsmateriel dit. Striden stod mellan å ena sidan områdets etablerade vita minoritet, de nederländskättade boerna och andra europeiska nybyggare, å andra sidan framträngande britter. En historisk kuriositet är att svenska sjömän kämpade på båda sidor. Många deltog i Skandinaviska kåren på boersidan. Andra slogs i britternas uniform. Till de senare hörde sjömannen och äventyraren Ivor Thord-Gray, alias stockholmaren Thord Ivar Hallström, till vars digra meritlista från flertalet hav och kontinenter hör att han anses ha givit upphov till Tarzan-myten.

En sjökapten från Kalmarbygden, Wilhelm Rogatius Lundgren, hade redan som ung sjöman seglat på sydafrikanska hamnar och såg nu kommersiella möjligheter i det som några år senare skulle kallas Sydafrikanska Unionen. Redan år 1900 hade han och hans skotskättade göteborgske kompanjon G.D. Kennedy grundat ett rederi, Nike, vars fartyg gick i trampfart. Lundgren hade maritimt know-how och Kennedy, som till vardags var disponent på skeppsvarvet Götaverken, hade de ekonomiska musklerna. Fyra år senare föddes den transoceana svenska linjetrafiken.

Den 24 september 1904 avseglade Rederi AB Nikes nybyggda s/s Kratos från Göteborg, destinerad till Cape Town. Lasten bestod av trävaror, tidens största svenska exportvara. Fartyget hade satts i trafik för det nybildade Rederi AB Transatlantic, som Nike något senare skulle gå upp i, och fick nu äran att inviga Svenska Syd-Afrika Linien.

Efterhand dök mörka moln upp på den transatlantiska jungfruresans himmel. Befälhavarens ledarstil ledde till en rad kontroverser ombord och i hamnar längs färdvägen och slutligen till att en av de allra första svenska sjömansstrejkerna bröt ut ombord. Om detta konfliktfyllda mellanspel, som tycks ha uppkommit helt utan rederiledningens medverkan, berättas livfullt i Svenska Sjöfolksförbundets historik Förbund på sju hav (del 1).

R
A
B
T

Kratos
Linjesjöfartens pionjär. Foto Örjan Kronvall. Ur Bernt Fogelbergs samling / SMMs arkiv.

Porträtt av Axel Johnson – en av linjesjöfartens verkliga pionjärer.
Foto Lindahl / SMMs arkiv. Kopia av Linda Haagen-Lundström efter original av Emil Östman.

I Sydafrika fanns en god marknad för svenska exportvaror, såsom virke. Ett inledande bekymmer var att finna returgods som var efterfrågat uppe i Europa. Kratos tog sig ända bort till Indien för lastning innan hon stävade hemöver.

1907 utsträcktes Syd-Afrika Linien till Australien, nu med en utökad flotta. Året därpå tog tog en yngling vid namn Evert Taube hyra som kollämpare på ett av fartygen, s/s Atlantic. Vid sidan av andra, mera poetiska iakttagelser inspirerade resan honom till den kanske en aning insmickrande Eldare på värmen:

Ja, Axel Johnson var det och G.D. Kennedy
och Wilhelm Lundgren ner i Göteborg,
Dan Broström och hans far och ett annat rederi,
som om vår linjesjöfart drog försorg…

Något mindre insmickrande var andra Transatlantic-sjömäns skämtsamma uttydning av rederinamnets förkortning RABT: "Redigt Arbete Betalas Taskigt." Förkortningen syntes på det unga bolagets rederiflagg, som är en av de mera intressanta genom sin tydliga symbolik. Den är svenskt blågul efter sin VD, Wilhelm R Lundgren, och bär det skotska andreaskorset efter sin förste styrelseordförande, G.D. Kennedy. Kanske inspirerades parhästarna av West Coast Shipping Compa-

s/s Canton

Laståndgarfartyget s/s Canton – Svenska Ostasiatiska Kompaniets allra första fartyg.
Foto K.A. Ransell / SMMs arkiv.

Greta Garbo. Känd profil på SALs vita palats. Fotograf okänd / SMMs arkiv.

ny i Liverpool, som hade exakt samma mönster och färger på sin rederiflagg. Wilhelm R Lundgren gick bort i förtid 1914 och ersattes av den blott 27-årige påläggskalven Gunnar Carlsson. Denne skulle bli en av den svenska sjöfartens verkliga förgrundsgestalter i ett halvt sekel. Inte minst spelade han en avgörande roll för det neutrala Sveriges lejdtrafik, med dess ovärderliga betydelse för landets försörjning under andra världskriget.

Sjöfart på Kinakusten

Kanske fanns det något i tidsandan som legitimerade den kanonbåtsdiplomati som utländska makter utsatte det svaga Kina för mot slutet av 1800-talet, och som just vid sekelskiftet provocerade fram det som kom att kallas boxarupproret. Kina hade tvingats sluta ojämlika avtal, som gav utlänningarna ett stort inflytande över ett antal så kallade fördragshamnar vid kusten och upp längs de större floderna. I dessa enklaver styrde och ställde utlänningarna efter egna lagar och under beskydd av egna styrkor. En av de 17 fördragsmakterna var Sverige-Norge, som emellertid tycks ha fortsatt traditionen från svenska Ost-

m/s Kungsholm
Avskedets stund inför Atlantfärden. Foto Lidén & Nyman fd Karnell / SMMs arkiv.

Argentina av Stockholm
Här en enkelhytt, 3:e om styrbord,
sedd från styrbord.
Foto A Karnell / SMMs arkiv.

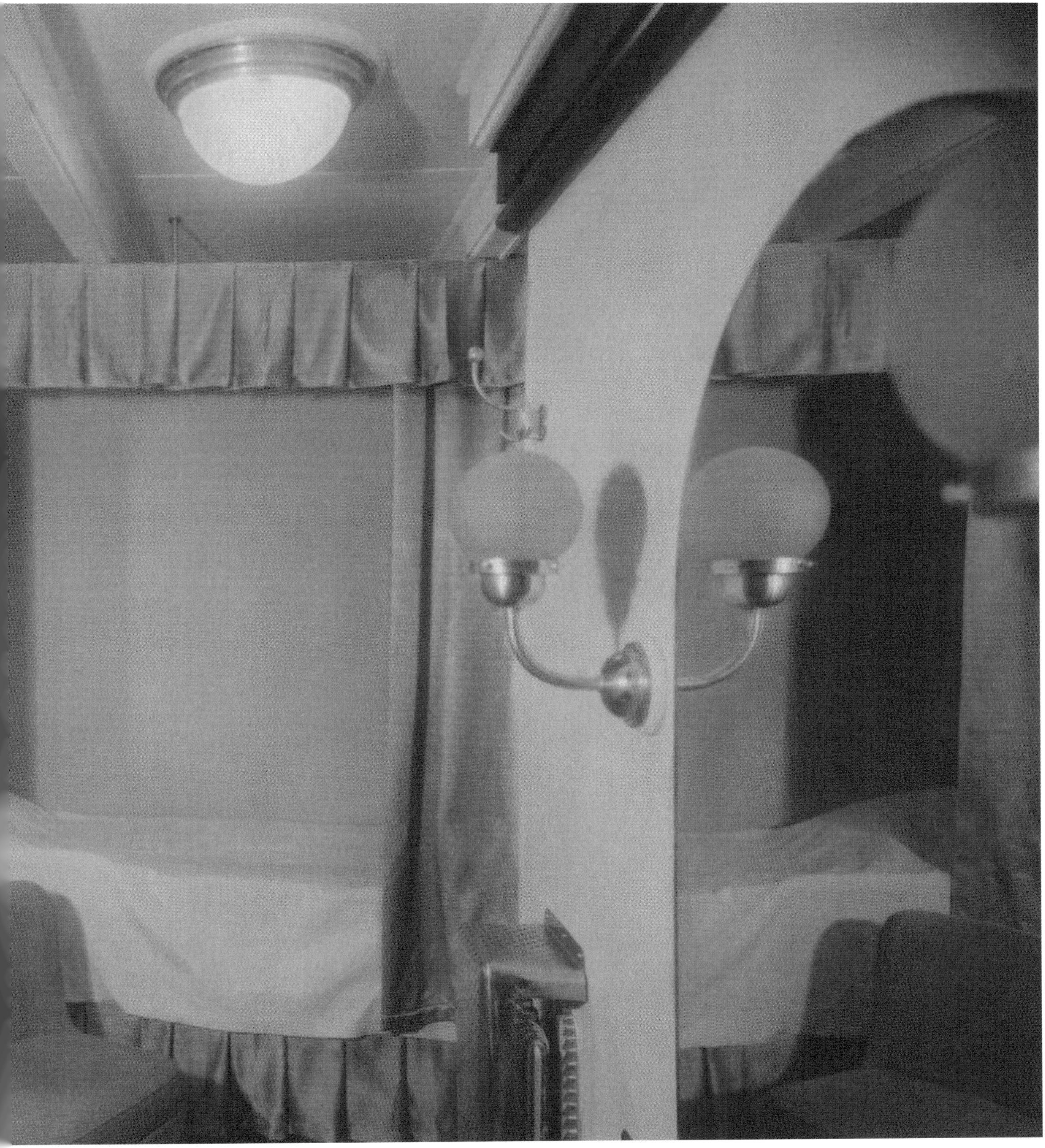

Argentina av Stockholm
Motorfartyg byggt i Göteborg 1935.
Här hytt nr 1, förligast om styrbord.
Möblerna är i polerad mahogny.
Foto A Karnell / SMMs arkiv.

Argentina av Stockholm
Paneler av ädelträ bidrog till den vackra inramningen. Trappuppgång med polerad boisering och polerad ask med inläggningar av tenn och ebenholts. Pianots utsida har guldbrons. Foto A Karnell / SMMs arkiv.

Drottningholm
Förstaklassmatsal på Amerikabåt. Tidstypisk elegans på dåtidens flytande lyxhotel. Fotograf okänd / SMMs arkiv.

Stockholm av Göteborg
Passagerarmotorfartyget Stockholm av Göteborg – ett av Svenska Amerika Liniens flytande palats. Bilden är tagen 1948. Foto Gösta Lindén / SMMs arkiv.

indiska Kompaniets dagar att samarbeta med sina kinesiska värdar i en förtroendefull anda av ömsesidig respekt.

Den sista ostindiefararen var Maria Carolina, som löpte in i hemmahamnen Göteborg den 1 mars 1806. Därefter skulle det dröja ett helt sekel innan den svenska linjetrafiken på Ostasien åter kom igång i stor skala. Det innebar emellertid inte att svenska fartyg helt lyste med sin frånvaro på Kinakusten.

Stockholmsrederiet Kanzow & Biel bedrev direkthandel med Kina på egna kölar 1835–47. I kölvattnet efter Opiumkriget 1840–42 fraktade den svenska briggen John opium på Kinakusten, chartrad av Jardine & Matheson i den av britterna just erövrade kolonin Hongkong.

Skeppsredare Carl Fredrik Liljevalch lyckades 1847, som kung Oscar I:s sändebud, få till stånd ett vänskaps- och handelsavtal mellan Sverige-Norge och Kina. Hans egen brigg Prins Oscar lär ha blivit det första utländska fartyg som tilläts gå i kinesisk inrikestrafik.

Skepparen Oscar Olin kom till Östern i skonerten Anna 1871 och blev kvar där i 57 år. Tio år före honom hade helsingborgaren Nils Möller anlänt till Shanghai med sin brigg Teresa. Han grundade Red Anchor Line, som blev ett av stadens större rederier. Fartygen förde brittisk flagg, men befälen skulle helst vara skåningar. När dessa tröt fick andra skandinaver duga.

Många skandinaviska sjömän tog anställning som lotsar och tulltjänstemän i kinesisk tjänst. Det var i denna miljö svenska sjömansvisor som Från Canton till Macao och Han hade seglat för om masten föddes – liksom utlänningarnas och kinesernas umgängesspråk pidginengelska, med slitstarka uttryck som long time no see...

Det som senare kom att kallas Johnson Line kunde ha blivit en svensk pionjär på Kinakusten. Den vittbefarne norske naturforskaren Carl Bock var svensk-norsk konsul i Shanghai. Han hade tidigare hjälpt grosshandlare Axel Johnson att bli Siams honorärkonsul i Stockholm – ett uppdrag som skulle gå i arv till senare ledare inom Johnsonkoncernen, även sedan landet 1949 permanent hade bytt namn till Thailand. Bock vände sig nu till denne för att främja planerna på ett linjerederi.

Året var 1888. Bocks parhäst på plats i Kina var den svenske sjökaptenen Frans August Brissander. Till vardags var Brissander skeppare på s/s Kung-pai, hörande till China Merchants Steam Navigation Co, som hade monopol på att föra den kejserliga drakflaggen. Aktiva sonderingar pågick till 1890, då Axel Johnson drog slutsatsen att projektet hade kapsejsat. Samma år grundade han Rederi AB Nordstjernan. Som vi skall se blev han snart storredare på helt andra trader.

I stället stormade norska redare in på Kinakusten med maskintelegrafen ställd på full ahead. Det var vid denna tid den så kallade konsulatsaken började få den svensk-norska unionen att skaka i sina grundvalar. Den norska sjöfarten var redan då oändligt mycket större än den svenska. Konsulaten skulle betjäna sjöfarten, och Norge ville ha egna i stället för de ofta svenskbemannade svensk-norska utlandsmyndigheterna. Konsulatsaken ledde spikrakt, nästan ödesbestämt, till unionsupplösningen 1905.

I Shanghai etablerade sig mot slutet av 1800-talet den norrman som skulle bli störst av dem, Haakon J Wallem. I början av 1900-talet grundade han Wallem & Co, grunden till det som i dag är Wallem Group. Hans första fartyg, s/s Oscar II, uppkallades efter den kung som för norsk del nu sjöng på absolut sista versen. Kungens valspråk ”Broderfolkenes vel” fick 1905 inskränkas till ”Sveriges väl”.

Samma namn, Oscar II, hade även tilldelats Nordstjernans tredje fartyg; en malmångare som löpte ut från varvet i Sunderland 1896 och med sina 5 600 dödviktston blev Sveriges dittills största ångfartyg. Därmed inleddes en av kungafamiljen inspirerad johnsonsk namntradition, som höll i sig till leveransen av Kronprins Gustav Adolf och Kronprinsessan Margareta krigsåret 1914.

Just unionen med Sverige hade kraftfullt bidragit till den norska handelsflottans uppsving. Englands Navigation Act, som var i kraft till 1849, förbjöd import och export av gods på tredje lands fartyg. Tack vare unionen kunde norska fartyg frakta merparten av den ständigt växande svenska träexporten dit. Antagligen förträngde nationalpoeten Bjørnstjerne Bjørnson det då han skaldade:

Vår ære og vår makt
Har hvite seil oss bragt

W R Lundgren.
Kalmarsonen Wilhelm Rogatius Lundgren satte sitt namn på världskartan. Osignerad målning, Kalmar Sjöfartsmuseum. Foto Göran Köhler.

Navigation Act, "Sjötrafiklagen", kom till 1651 för att skydda den brittiska handelssjöfarten från utländsk (underförstått holländsk) konkurrens. Den modifierades flera gånger, men innebörden var att varor från främmande kontinenter till England endast fick fraktas på imperiets egna fartyg, samt att godsflödet mellan brittiska och övriga europeiska hamnar endast fick fraktas på brittiska och de berörda hamnstaternas fartyg. När lagen upphävdes hade den förlorat all betydelse. Nu var det frihandelns princip som gällde.

Det var också nu de så kallade linjekonferenserna började etableras; kartellbildningar som begränsade konkurrensen om sjöfrakt på enskilda trader men som ändå inte kom att omfattas av senare tillkomna antitrustlagar. När den brittiska monopolhandeln med kolonierna upphörde kunde hundratals fartyg trängas på redden till en hamn, i jakt på last. Det drev frakterna i botten. Om det å andra sidan var för få kölar tillgängliga, kunde frakterna trissas upp till astronomiska nivåer. Detta förhållande tvingade fram ett samarbete. Men den svenska transoceana linjesjöfartens pionjärer hade till en början betydande svårigheter att ta sig in i linjekonferenssystemet, med brist på last som följd. Att stå utanför medförde fördyrande omlastning på kontinenten i stället för att frakta godset på egna kölar hela vägen.

Den första linjekonferensen hade bildats i fartygstrafiken mellan brittiska hamnar och Calcutta (som numera skrivs Kolkata). Uppsvinget i trafiken på Östern hängde självfallet samman med att Suezkanalen hade öppnats 1869. Kolbunkringsstationer upprättades längs farleden.

★

Hur kom det sig att norska rederier kunde expandera under 1800-talets lågkonjunkturer, samtidigt som de svenska redarna mest trampade vatten? Den svenska sjöfartens orakel och levande lexikon Thorsten Rinman pekar på några faktorer. Norrmän transporterade merparten av den svenska utrikeshandeln. Krimkriget

1853–56 ledde till en fraktboom och tonnagebrist, där norska fartyg kom att fylla ett vakuum. Stora förmögenheter ackumulerades i de norska kuststäderna och investerades i både andrahandstonnage och moderna nybyggen för transocean sjöfart. De norska rederierna leddes av befaret fackfolk med stark förankring i sina kustbygder. Många svenska drevs av partrederier med aktivt seglande skeppare som delägare, men huvudredare var ofta handelshus och köpmän. Fartygsdriften var kanske inte alltid det som låg dem allra varmast om hjärtat, även om det också fanns exempel på motsatsen.

Den svenska utrikeshandeln fick fram till mitten av 1800-talet endast bedrivas i hamnstäder med stapelstadsrättigheter – och därmed tullkammare – av dem som vunnit ”burskap” eller borgarrätt, ett särskilt lokalt tillstånd för exempelvis köpmän och skeppare att utöva sina yrken. Här finns orsaken till att vissa svenska hamnar växte till betydande hamnstäder medan andra skutorter stagnerade, hänvisade till inrikes fart som de var. Här ser vi även en bakgrund till uppkomsten av de anrika maritima sällskap som finns i ett flertal kuststäder (se Sjöfartens myndigheter och sammanslutningar). Kravet på ”burskap” avskaffades genom en förordning om näringsfrihet 1864.

Broströms på alla hav

1898 hade en av regeringen tillsatt handels- och sjöfartskommitté försökt stimulera de svenska rederierna till transocean linjesjöfart, med subventioner och en lånefond som lockbeten. Nordstjernans Axel Johnson hade varit en av de främsta tillskyndarna. De statliga stödåtgärderna var en förutsättning med tanke på de omfattande investeringar som krävdes. 1907 kunde så även den svenska linjetrafiken på Ostasien återuppstå i ny skepnad; inledningsvis i samarbete med danska Det Østasiatiske Kompagni, som hade bildats tio år tidigare av den på Östern väl befarne sjökaptenen H.N. Andersen. AB Svenska Ostasiatiska Kompaniet föddes, och dess första fartyg s/s Canton stävade mot Kina med pappersmassa i lasten. Därefter kunde myriader svenska sjömän bekanta sig med Österns hamnar i ASOK:s stolta vita skepp med exotiska namn.

Det har väckt förvåning bland flaggkännare att ett kommersiellt bolag som ASOK vågade sig på att använda lilla riksvapnet, de tre kronorna, i sin rederiflagg. Det gällde även AB Svenska Amerika Mexico Linien som bildades 1911, och passagerarlinjen Rederi AB Sverige-Nordamerika, som bildades 1914 och elva år senare skiftade namn till AB Svenska Amerika Linien. (De båda rederierna slogs 1946 ihop till ett enda, under SAL:s namn.)

Förklaringen bör vara att linjerederierna betraktades som samhällsnyttiga angelägenheter, vilka dessutom drevs som joint ventures innan de helt och hållet inlemmades i Broströmskoncernen.

Just Broströms var undantaget som mötte 1900-talet med förlig vind i seglen, eller snarare med ångan på topp. Broströms var redan vid sekelskiftet Sveriges största rederi och skulle bli något av ett nav i det som i folkmun kom att kallas den göteborgska redarsocieteten. Men allting har en början.

1838 föddes den blivande skepparen och rederigrundaren Axel Broström i värmländska Kristinehamn vid Vänern. Ingen skall tro att gossebarnet kom till världen med en guldsked i mun. Familjen var utblottad, och vid tre års ålder blev Axel dessutom faderlös.

Axel började tidigt arbeta. Han hamnade så småningom hos en grosshandlare och avancerade till faktor med ansvar för kristinehamnsskutornas lastning och lossning. Där ingick galeasen Mathilda, som han fäste sig särskilt vid. 1865 avled grosshandlaren. Vid den auktion som följde ropade Axel Broström in Mathilda för 2 000 lånade riksdaler. Exakt hundra år senare, 1965, kunde den mäktiga Broströmskoncernen fira sitt storslagna 100-årsjubileum. Det skedde ingalunda enbart i form av galamiddagar med celebra gäster iland utan även i salong och mässar ombord i koncernens hundratals fartyg.

Antagligen var det just det året m/s Vikingland anlöpte den vackra hamnstaden Kavala. Staden ligger i nordöstra Grekland på vår tids karta, i det historiska landskapet Makedonien. Redan på 300-talet f.Kr. lät Alexander den stores far Filip II göra Neapolis, som staden då kallades, till exporthamn för Pangeonbergens mineralrikedomar. Just här klev aposteln Paulus iland för att grunda Euro-

pas första kristna koloni i grannorten Filippi – ett steg med oerhörd sprängkraft för kommande millenniers utåtriktade, sjöfarande europeer.
Troligen lastade m/s Vikingland balar bestående av den giftiga potatisväxten Nicotiána tábacum, för att förse hemmamarknaden med en last till en last. Grekland är storproducent av tobak, och Kavala var redan då den främsta utskeppningshamnen för en viktig handelsvara, vars enda egentliga nyttoeffekt är den som insektsdödande medel.

Dåvarande svenska Tobaksmonopolet var tidigt på plats för sina inköp. Ett minne av verksamheten finns kvar i Kavala, med ny funktion. 1936 kunde monopolet inviga sitt eget lokala revir. Redan vid m/s Vikinglands anlöp hade Souídiko Spíti, Svenska Huset, så smått börjat användas som tillfällig fristad och inspirationskälla för svenska konstnärer, forskare och författare; en inriktning som har renodlats efter 1974, då huset donerades till Svenska Aténinstitutet.

Svenska Orient Linien föddes i oktober 1911, som namn på den helt nya linjefarten på Medelhavet och Svarta Havet. Först ut var moderbolaget Tirfings s/s Uppland; en tidig föraning om linjens karakteristiska namnpolicy med –land på slutet. Linjen var framgångsrik men drevs ännu inte som ett fristående koncernbolag utan som en del av moderbolaget. Så kom första världskriget emellan. Medelhavstrafiken upphörde.

Efter krigsslutet 1918 kom den igång igen, nu inom det nybildade Ångfartygs AB Sverige-Levanten. Levantliniens åtta åldrande ångfartyg fick namn efter tradens hamnar, däribland s/s Cavalla. Snart kompletterades de med ett nybyggt motorfartyg, m/s Sulina.

1927 inleddes en trettioårig återgång till rollen som Svenska Orient Linien inom moderbolaget. Först 1957 bröts SOL ut ur Tirfing och blev åter ett dotterbolag.

Tirfings styrelseordförande, major Herbert Jacobsson, hade uppenbarligen ett gott hjärta som även klappade för kultur och vetenskap. Han och hustru Karin var flitiga mecenater (hon var för övrigt dotter till grundaren Axel Broström och syster till koncernbyggaren, den redan 1925 bortgångne Dan Broström).

m/s Drottningholm

m/s Drottningholm avgår. Göteborg 1923. Foto Kamerareportage.

Axel Broström – Kristinehamnspojken som blev storredare. Fotograf okänd.

Paret donerade betydande medel till så skiftande ändamål som Onsala Rymdobservatorium, Sjömansgården vid Stigbergstorget i Göteborg, samt Svenska Aténinstitutet, vars lokaler därigenom kunde invigas 1949. Samma år gick Herbert Jacobsson ur tiden.

En stjärna föds i nord

Samtidigt inledde en annan av linjesjöfartens pionjärer – Rederi AB Nordstjernan – en helt ny linje mellan Viken och Ostasien, under namnet Everett Star Line. Den bestod inledningsvis av några krigsärrade amerikanska fartyg som nu försågs med Panamaflagg och namn som exempelvis Star Alcyone.

Redan 45 år tidigare, under den transoceana svenska linjesjöfartens startår 1904, hade Nordstjernans Axel Johnson faktiskt varit hack i häl på Transatlantics Wilhelm R Lundgren! Den 26 november det året avgick s/s Oscar Fredrik från Göteborg, destinerad till Buenos Aires. Det var bara två månader efter att s/s Kratos hade inlett den svenska transoceana linjesjöfarten. Därmed öppnades La Plata-linjen, som kom att kallas Johnson Line.

Året därpå inträffade en liten kuriositet i rederiets annaler. I april 1905 låg Nordstjernans fartyg Drottning Sophia i Riachuelo vid Buenos Aires. Den 3 april bildades det berömda fotbollslaget Boca Junior just där i trakten. Lagets färger blev från starten blått och gult, och det sägs att färgkombinationen togs från det första fartyg som man fick syn på den dagen. Antingen var det Drottning Sophias blågula skorstensmärke eller hennes svenska flagg som fällde utslaget.

Sommaren 1914, just som skotten föll i Sarajevo och första världskriget stod för dörren, var tiden mogen för Johnson Line att inleda reguljär linjetrafik på den syd- och nordamerikanska västkusten. Panamakanalen skulle invigas först under hösten, så premiärfartyget Kronprinsessan Margareta fick ta sig till den första anlöpshamnen Talcahuano via Magellans sund. Därefter följde en rad syd- och nordamerikanska hamnanlöp. På hemgående blev hon den 19–20 oktober det första Johnsonfartyget att gå genom den just öppnade kanalen och därmed världens första fartyg att runda Sydamerika. Hon lär även ha varit världens första motordrivna fartyg att gå genom kanalen.

Nordstjernan hade bildats redan 1890, med ex-tyska s/s Cyklop – omdöpt till Annie Thérèse efter Axel Johnsons hustru – som det första i en mycket lång rad fartyg. Redan dessförinnan fanns faktiskt ett litet preludium. Handelsbolaget A. Johnson & Co. ägnade sig huvudsakligen åt kol- och koksimport från England samt export av stålplåt från Avesta Jernverk. I huvudsak befraktades fartyg för ändamålet, men 1885 anskaffade handelshuset ett mindre, tolv år gammalt ångfartyg, som nu uppkallades efter en brittisk affärspartner: s/s W.T. Marshall. Det blev emellertid ett kort mellanspel. Fartyget avyttrades redan 1888.

1990 firades rederiets hundraårsjubileum, bland mycket annat med en storslagen utställning på Sjöhistoriska museet och flera påkostade jubileums-

Ivor Thord-Gray och Tarzan

Thord Ivar Hallström föddes i Stockholm 1878. I yngre tonåren blev han rydbergsgast, sjömanselev ombord i den stiftelseägda fullriggaren Abraham Rydberg. Därefter tjänstgjorde han på ytterligare ett par fartyg i några år. Mot slutet av 1895 mönstrade han av i Kapstaden. Där tog han tjänst hos britterna, till en början som fångvaktare på fängelseön Robben Island. Snart angliserade han sitt namn till Ivor Thord-Gray och tog värvning i den brittiska armén. Han kämpade i Boerkriget och avancerade i de militära graderna. Det var under sin mångåriga sydafrikanska period han vid något tillfälle lär ha lett en ryttartrupp med uppdraget att oskadliggöra en närgången flock babianer, som länge hade härjat i de lokala odlingarna. De flesta babianerna lyckades fly uppför en bergvägg, men en hårlös unge kunde inte klättra som de övriga. Ungen visade sig vara ett människobarn som hade försvunnit flera år tidigare och adopterats av apflocken.

Efter mellanspel i Filippinerna, Malaya och Kina hamnade Ivor 1913 som artilleriofficer på Pancho Villas sida i den mexikanska revolutionen. I Mexiko

skrifter. När jublet hade bedarrat såldes rederiets återstående linjetrafik till Hamburg Süd.

Den karaktäristiska johnsonflaggen – tvåtungad och blå med J-märkt gul stjärna – vajar nu endast från signalmasten på Johnsonhusets tak vid Stureplan i Stockholm, där man under glansåren även brukade sätta signalflaggor som visade anropssignalen för det johnsonfartyg som just råkade anlöpa hemmahamnen. Det med flaggmotivet identiska skorstensmärket syns numera endast på veteranbogserbåten Herkules av Göteborg, ett koncernminne som sedan länge vårdas av Klubb Maritims västra krets.

På direktionsvåningen högst upp i Johnsonhuset finns en bevarad salong från salig trotjänaren m/s Pedro Christophersen, som sjösattes 1913 och ljöt skrotdöden hela 50 år senare, 1963. Salongen användes som bergsingenjör Axel Ax:son Johnsons representationslokal.

Som vi skall se längre fram har de ursprungliga Transatlantic och Broströms också gått till hävderna, även om de välrenommerade namnen har överlåtits till betydligt yngre rederier med rötter i sjöfartsmetropolen Skärhamn. ■

kan han ha träffat den amerikanske författaren Edgar Rice Burroughs, som året därpå gav ut sin första bok om Tarzan. Hur som helst bör Burroughs ha inspirerats av historien om Ivor Thord-Gray och apflockens människobarn, även om det inte låg i hans intresse att medge detta.
Mexiko väckte även en humanistisk och vetenskaplig ådra hos Ivor, bror till konstnären Gunnar Hallström och arkeologen Gustaf Hallström som han var. Han sammanställde en ordlista över ett av Mexikos indianska språk och ett arbete om landets arkeologi. Dessutom skrev han den självbiografiska boken Gringo Rebel. Ivor fortsatte sin äventyrliga bana, som brittisk officer på västfronten under första världskriget och därefter på de vitas sida i bolsjevikrevolutionens stormiga kölvatten borta i ryska Fjärran Östern.
1934 blev han amerikansk medborgare och 30 år senare avled han i Florida. Dessförinnan hade den gamle äventyraren tillbringat många fridfulla somrar på Furusund i sitt gamla hemland.

"De nymönstrade". Träsnitt av eldaren och konstnären Torsten Billman som gripande fångade sjömännens värld.
Träsnitt 270x215. Ur Torsten Billmans "Till Sjömännen – Havets arbetare".

2

Parterna formerar sig

Waterfrontens parter började formera sina styrkor. Bland de sjöanställda fanns en grupp som var långt före alla de övriga – ångfartygens nya stolta yrkeskår, "machinisterna".

(2) Parterna formerar sig

1840-talet var på många vis en milstolpe. Den spirande industrin och dess lönearbete började göra inbrytningar i det fattiga bonde-Sverige. Landet fick en obligatorisk folkskola. Näringsfriheten började tränga igenom. 1846 upplöstes – åtminstone officiellt – det medeltida skråväsendet. Samma år bildade typograferna en föregångare till Grafiska Fackförbundet, som därmed anses vara Sveriges äldsta fackliga organisation. Som god tvåa kommer Sjöbefälsförbundet, vars första föregångare Machinist-Samfundet föddes 1848.

De för ångpannornas och ångmaskinernas tillsyn och drift oumbärliga maskinisterna välkomnades inte av alla ombord. Sjöfarten var starkt traditionsbunden. Många företrädare för kommandobryggans urgamla nautikerkår befarade att nykomlingarna skulle nagga deras revir i kanten. Snart föddes en med tiden djupt förankrad bostadskutym ombord: Maskinfolket hänvisades till fartygets "simplare" babordssida, medan däcksfolket reserverade den traditionella "honnörssidan" styrbord för sina egna utrymmen. Först på 1950-talet blev maskinchefen "salongsfähig"; han fick avtalsenlig rätt att inta sina måltider tillsammans med befälhavaren i fartygets salong (under förutsättning att "chiefen" innehade sjöingenjörsbrev).

Machinist-Samfundet

Hösten 1847 bestämde sig 24 sjömaskinister för att bilda en organisation för att slå vakt om sina gemensamma intressen. Några veckor in på revolutionsåret 1848 godkände Överståthållarämbetet stadgarna. Därmed var Machinist-Samfundet sjösatt, om än närmast som en sjuk-, invalid- och begravningskassa för yrkeskåren. Samfundet var ännu ingen fackförening i ordets egentliga bemärkelse men var ändå det frö som skulle gro till Sjöbefälsförbundet av i dag.

Under några år verkade Machinist-Samfundet parallellt med den nybildade Machinist-Föreningen i Stockholm, som var en mera bokstavlig fackförening. 1860 splejsade de tu ihop sig till en organisation.

1890 föddes Svenska Machinistlogen, och 1891 utkom det första numret av tidskriften Sjöbefäls första föregångare Svenska Maskinistlogens Tidning (som det första året ägdes av sin redaktör). På randen till det nya seklet bytte den namn till Tidskrift för Maskinister, 1928 till Maskinbefälsförbundets Tidskrift och 1944 till Maskinbefälet. Mot slutet av 1970-talet kastade den dåvarande redaktören fram tanken att namnet med fördel kunde ändras till det klatschigare Maskin-Telegrafen, utan att tänka på den besvärande omständigheten att denna tingest användes för ett slags ordergivning från kommandobryggans nautiker ned till maskinrummet...

Den fortsatta organisatoriska vägen var slingrig och periodvis törnbeströdd, tills Svenska Maskinistförbundet kunde bildas 1906. Fem år senare bytte man namn till Svenska Maskinbefälsförbundet (SMBF), ett namn som skulle stå sig 1900-talet ut.

En väsentlig förändring inträffade 1979, då SMBF anslöt sig till den betydligt större organisationen SALF (Svenska Arbetsledareförbundet), som 15 år senare skulle byta namn till Ledarna.

Sjökapten försjunken i tankar. Fotograf okänd. Ur Olle Svenssons samling / SMMs arkiv.

Maskinister. Fotograf okänd. Ur Olle Svenssons samling / SMMs arkiv.

År 2000 skiftade SMBF namn till Sjöbefälsförbundet och markerade därigenom en öppning mot andra sjöbefälsgrupper. Äldre befattningsnamn ombord som maskinchef och förstemaskinist har mönstrats ut till förmån för teknisk chef och förste fartygsingenjör.

Det gamla organisationsnamnet lever kvar i Stiftelsen Svenska Maskinbefälsförbundets Stödfond – och dess förkortning gör det i det Sjöbefälsförbundet närstående bolaget SMBF Service AB, vars syfte är att förmedla arbetstillfällen till den svenska sjöbefälskåren.

Sjöbefälsförbundets föregångare var inte bara först ut av sjömännens fackliga organisationer utan blev 1907 även först att sluta kollektivavtal, en uppgörelse med det nybildade Sveriges Redareförening om medlemmarnas allmänna anställningsvillkor.

Nautiska sällskap

Samma år bildades den andra befälsorganisationen, Sveriges Fartygsbefälsförening (som i ett inledande skede hette Sveriges Däcksbefälsförening). Året därpå sjösattes Nautisk Tidskrift, som alltsedan dess har varit föreningens organ.

Även för SFBF:s del skulle man kunna tala om föregångare. Men de anrika nautiska gillen och sällskap som berikar ett flertal svenska hamnstäder är mera arv från forna tiders skråväsende och har kanske inte så mycket med fackliga strävanden att göra.

Vilket som är äldst av dem? Det är en bedömningsfråga. Å ena sidan har Visby Skepparegille en oavbruten, väl dokumenterad bakgrund från år 1682 (möjligen fanns det dessutom föregångare som sträckte sig tillbaka ända till medeltiden, men kunskapen om dem har i så fall förtonat i tidens töcken). Å andra sidan bildades Skeppare-Gillet i Norrköping redan 1641, men det stod inte på helt egna ben utan var en del av Hantverkare Societeten. Först 1775 tog den fristående Skeppare Societeten över i Norrköping.

Beträffande manskapet varierar uppgifterna om när de fackliga strävandena kom igång. Det finns knapphändiga uppgifter om en Sveriges Eldareföre-

Den facklige legendaren Charles Lindley tillsammans med skeppsredaren Gustaf Thordén och skalden Harry Martinson på Svenska Sjöfolksförbundets kongress i Uddevalla 1954. Fotograf okänd.

ning, som skulle ha bildats i Göteborg redan 1873. I Förbund på sju hav (del 1) nämns i stället Sjömans- och Eldarefackföreningen, som bildades i samma stad 1884. Deltagarna på det konstituerade mötet var upprörda över att sjömanshyran pressades nedåt, långt under acceptabel nivå. I stället ville man införa tariffer med lägsta månadshyra, exempelvis 45 kronor för en matros. Det var således inte tal om något avtal, eftersom ett sådant förutsätter två parter. Bland de inledande kraven noterades även att sjömannen under liggetid i hamn skulle vara ledig mellan 1800 och 0600 samt ha rätt att gå iland.

Brittiska pionjärer

I engelska Sunderland verkade vid denna tid ett litet lokalt sjömansförbund. Dess nyvalde ordförande – den blivande facklige legendaren Joseph Havelock Wilson – ville sprida budskapet till andra hamnar, men den övriga ledningen var seg selv nok och mest mån om att skydda sin egen ställning visavi den lokala rederinäringen. 1887 bildade Havelock Wilson i stället National Amalgamated Sailors' and Firemen's Union (NASFU), med sig själv vid rodret.

Redan som minderårig pojke hade Joseph rymt ut på sjön. Han kunde tala med sina sjöbröder på sjömäns vis och hade dessutom en omvittnat god organisatorisk talang. Men även om han länge betraktades som en sjövild strejkledare var han egentligen ganska måttfull. Hans ambition var snarast att, med hjälp av medling, få till stånd en harmonisk samförståndsanda mellan kapital och arbete.

Livet ut höll sig Havelock Wilson – i motsats till många andra av tidens radikala arbetarledare – konsekvent inom liberalismens politiska fålla. Som liberal satt han i Parlamentet i sammanlagt 16 år. Likaså behöll han ordförandeskapet i sitt förbund – sedermera omdöpt till National Union of Seamen – till sin död 1929. Men den facklige kämpens nimbus falnade under hans sista decennium. Världskriget hade fått honom att bokstavligen hata Tyskland och allt tyskt. Det ledde till att förbundet iscensatte en antitysk blockad som även omfattade tyska sjömän, inbegripet dittillsvarande förbundsmedlemmar. Vid upprepade

Foto Leif Hansson, World Report.

tillfällen accepterade han dessutom minskad hyra för medlemmarna. Självfallet vållade det splittring i leden.

Vad har då detta med den svenska waterfronten att göra? Havelock Wilsons sjömansförbund hade redan från början en "missionerande" inriktning, som sträckte sig långt utanför de brittiska hamnarna. I början av 1890-talet drog NASFU igång en spirande facklig verksamhet i Göteborg, vilken kan sägas ha tagit över stafettpinnen från Sjömans- och Eldarefackföreningen av 1884. Inte heller den blev särskilt långlivad men var ändå en av förelöparna till det som långt senare skulle bli Svenska Sjöfolksförbundet.

Charles Lindley

Periodvis assisterades Havelock Wilson av en ung svensk sjöman, som också skulle få en enormt stor betydelse för sjöfolkets och övriga transportarbetares fackliga strävanden. Det var under flera års sjötörnar som matros på brittiska windjammers som stockholmaren Carl Gustaf Lindgren fick sitt namn förvanskat till Charles Lindley, ett namn som han sedan behöll under återstoden av sitt 92 år långa liv.

På nyåret 1895 återvände Charles Lindley hem till Stockholm efter många års bortovaro. Samma år deltog han i ett möte med företrädare för stadens ångbåtseldare. Syftet var att bilda fackförening. Till en början vägrade de blankt att låta "säckmatroser" bli medlemmar – men övertalade ändå ex-matrosen Lindley att bli deras ordförande. Eftersom det gick trögt med medlemsrekryteringen följde man så småningom Lindleys råd att öppna portarna för däcksfolket.

1897 bildades Svenska Transportarbetareförbundet. Sjömännen anslöt sig nu dit. Från 1905 utgjorde de en särskild organisation inom Transport, vid namn Svenska Sjömans- och Eldareförbundet. Transport hade valt Lindley till

Foto Leif Hansson, World Report.

sin förste ordförande (en post som han innehade ända till 1941, då han – med ålderns rätt – även lämnade en mycket långvarig riksdagspost).

Året innan Transport grundades hade Charles Lindley varit svensk delegat vid en arbetarkongress i London. Där föddes International Federation of Ship, Dock and Riverside Workers. Två år senare, 1898, döptes organisationen om till International Transport Workers' Federation (ITF). Snart skulle ITF växa till en oerhört betydelsefull och inflytelserik världsaktör på sjöfartens och sjöfolkets områden. Även sjöbefälens organisationer är sedan länge aktiva medlemmar i ITF. I likhet med ITF omfattade Svenska Transportarbetareförbundet även andra yrkesgrupper än sjömän, under inledningsskedet till övervägande delen stuveriarbetare. Som ordförande hade Charles Lindley mycket att bestyra, även på ickemaritima områden. Måhända tappade han den vardagliga kontakten med sina forna yrkesbröder. Kanske bidrog det i någon mån till att Svenska Sjömans- och Eldareförbundet inom Transport lade ned verksamheten efter några år. Men det fanns även andra orsaker, med rötter i tidens brittiska labour relations.

Shipping Federation

Efter en samordnad strejk i brittiska hamnar 1889 hade redarna svarat med att bilda sin egen organisation, Shipping Federation. Redarna tog nu i med hårdhandskarna mot det spirande facket. En lång period av bitter konfrontation inleddes. Sjömän tubbades till att skriva på en federation ticket, som garanterade dem företräde till arbete men även innehöll en försäkran om att de var villiga att arbeta ihop med oorganiserade skeppskamrater. Metoderna bildade skola, så även i Sverige.

Charles Lindley berättar i sina postumt utgivna memoarer att det inte enbart var det brittiska sjömansfacket som "missionerade" utåt Europa. Även Shipping Federation gjorde det, i kraft av sina beprövade metoder att ta itu med fackliga aktioner. När de Transport-anslutna svenska sjömännen i början av 1900-talet krävde höjd månadshyra avvisades kravet med hänvisning till dåliga konjunkturer och att det hur som helst fanns tillgång till billigare sjöfolk utomlands. De fackliga uppbördsmän som samlade in medlemskontingenter i hamnarna motarbetades. Verksamheten lamslogs.

Det uppskruvade konfliktläget framfödde ett öknamn på fartyg som vid denna tid användes för ett mycket speciellt ändamål – och ledde tragiskt nog även till vad som har betecknats som ett svenskt terroristdåd.

Våren 1903 låg en gammal skorv, s/s Lennart Torstensson, till ankars på Stockholms Ström som flytande strejkbrytarlogement. Stuveriarbetarkonflikt pågick, och ombord fanns en hoprafsad skara män som skulle sättas in i lastnings- och lossningsarbete. Fartyget blev snabbt föremål för de fackligt engagerades nidvisor. Efternamnet försvann, förnamnet förvanskades till Lena och Lump tillfogades, i betydelsen avfall. Lump-Lena blev bevingat, en nidterm för alla följande strejkbrytarfartyg.

Svensk facklig historias mest ökända ”Lump-Lena” är nog skonerten Amalthea, som sommaren 1908 låg i Malmös hamnbassäng med brittiska strejkbrytare ombord. Natten till den 12 juli rodde en ungsocialist och bondson från Göingebygden, Anton Nilson, över till Amalthea. Ombord placerade han en bleckask innehållande två kilo dynamit. Han tände på stubintråden och rodde snabbt iväg från fartyget.

Förövarens och hans medskyldigas avsikt lär ha varit att skrämma iväg strejkbrytarna, men attentatet krävde ett människoliv. 23 av de övriga britterna skadades. En samfälld arbetarrörelse tog avstånd från själva dådet, men krävde så småningom ändå att Anton Nilson skulle friges. Så skedde efter ett inledningsvis utdömt dödsstraff som i stället blev nio långa år i fängsligt förvar.

När Anton Nilson lämnade fängelset hösten 1917 hade ett världskrig börjat närma sig sitt slut. I ost hade den revolution som han skulle komma att tjäna just brutit ut.

Svenska Sjöfolksförbundet

Vid första världskrigets utbrott sommaren 1914 hade det svenska sjöfolkets fackliga strävanden nått ett nytt skede. Motpartens Shipping Federation-inspirerade

SJÖFARTENS ARBETSMILJÖNÄMND

N:r 4 December 1930
Årgång 2

DEN SJÖFARANDE KVINNAN

S.S.K.F.

UTGIVARE: SVERIGES SJÖFARANDE KVINNORS FÖRENING

kampmetoder var passé. Nu gällde det att få ombord sjömän som var villiga att riskera liv och lem för att upprätthålla havets transportleder. Tiden var åter mogen. Svenska Eldare-Unionen bildades i början av 1914, hack i häl följd av Svenska Sjömans-Unionen.

1932 befann sig Sverige – och den svenska sjöfarten – i en djup kris. Handeln med utlandet hade minskat dramatiskt. Svensk Sjöfarts Tidning rapporterade om 252 upplagda svenska fartyg. Depression och massarbetslöshet rådde. I det klimatet bestämde sig Svenska Eldare-Unionen och Svenska Sjömans-Unionen samt ytterligare två sjömansförbund att förenas till ett gemensamt förbund. Svenska Sjöfolksförbundet bildades. De övriga förbunden var Sjöfarande Kvinnors Förening och Svenska Amerika Liniens Intendenturpersonals Förening.

Svenska Stewardsföreningen, som hade bildats 1916, anslöt sig inledningsvis men gick snart sina egna vägar för att långt senare, 1970, i stället ansluta sig till Sveriges Fartygsbefälsförening. Detsamma hade Sveriges Radiotelegrafistförening gjort långt tidigare. Så även Inrikessjöfartens Befälsförening.

Svenska Sjöfolksförbundets anrika tidskrift Sjömannen hade föregångare som gavs ut av Eldare-Unionen och Sjömans-Unionen, samt även av Svenska Sjömans- och Eldareförbundet inom Transport (med Charles Lindley själv som redaktör).

Vid en extrakongress 1995 fattade Svenska Sjöfolksförbundet beslutet att upphöra som självständigt förbund för att i stället bli en sektion inom SEKO (Facket för service och kommunikation).

Därmed hade Sveriges sjöanställda formerat sig inför framtiden. Sonderingar förekommer dock om att förena de båda sjöbefälsorganisationerna till ett förbund.

Sveriges Redareförening

Stuveriarbetarstrejken i Stockholm 1903 ledde till att skeppsredarna fick kalla fötter. De var beroende av arbetsfred i hamnarna, och nu hade deras egna led splittrats genom att en del arbetsgivare slöt egna lokala avtal med stuveriarbetarna. De började tala om att organisera sig, likt arbetarna. Lokala rederiföreningar bildades i Göteborg och Stockholm, med huvuduppgiften att bygga upp strejkskyddskassor. Sommaren 1906 föreslog Gävleredaren O.A. Brodin att alla svenska rederier skulle slå sig samman till en slagkraftig, gemensam intresseorganisation. Hans tankegång var att små lokala föreningar inte förslog långt när motparten hade både Transports, LO:s (Landsorganisationen i Sverige hade bildats 1898) och ITF:s muskler bakom ryggen.
Redan den 24 november samma år hölls ett konstituerande möte i Stockholm. Man beslöt att organisationen skulle heta Sveriges Redareförening och ha sitt huvudkontor i Göteborg. SRF:s förste direktör blev sjöofficeraren Erik Indebetou.

Den svenska sjöfartspressens flaggskepp Svensk Sjöfarts Tidning sjösattes 1905. Den må ha betraktats som sjöfartsnäringens husorgan från starten men ägdes faktiskt de första fyra decennierna av sin chefredaktör, Fritz Schéel. Först 1946 tog Redareföreningen över tidskriften, för att säkra dess långsiktiga utgivning.

Redan i början av 1906 bildades i Malmö, oberoende av de större rederiernas egen process, Svensk Skeppsrederiförening för Segelfartyg. Udden tycks främst ha varit riktad mot skeppsmäklarna, som ansågs spela ut skepparna mot varandra i syfte att dumpa frakten. 1917 ändrades namnet till Sveriges Segelfartygsförening och 1957 till Rederiföreningen för mindre fartyg. Femtiotalsfenomenet Kusttankredareföreningen anslöt sig 1959 till Rederiföreningen för mindre fartyg. 1981 gick Rederiföreningen ihop med storebror Sveriges Redareförening, som man alltsedan 1978 hade ett samarbetsavtal med.

SRF bör inte förväxlas med Sveriges Redareförening för mindre passagerarfartyg, som är en branschorganisation för skärgårdsbåtar och liknande fartyg. Denna förening är mest känd under sin förkortning SWEREF.

SRF-skutan seglade in det nya millenniet med korrigerad kurs. Arbetsgivarfrågorna överfördes till det nybildade Sjöfartens Arbetsgivareförbund (SARF), som därmed är sjömansorganisationernas motpart vid förhandlingsbordet. SRF har därmed fått en mera renodlad roll som sjöfartsnäringens intresseorganisation med en omfattande lobbyverksamhet på områden som miljö, forskning och utbildning.

Ett av flera exempel på samsyn och gemensamma intressen mellan sjöarbetsmarknadens parter var det mångåriga styrelsearbetet inom Handelsflottans kultur- och fritidsråd (1976–2006) och dess föregångare Handelsflottans Välfärdsråd (1948-76). Sedan 2007 bedrivs verksamheten av enheten Sjömansservice inom Sjöfartsverket, som har tillsatt ett informellt sjömansserviceråd för att ge branschen möjlighet till fortsatt insyn och påverkan.

Ett annat sådant exempel är det partssammansatta Sjöfartens Arbetsmiljönämnd. SAN bildades 1956, då förkortningen uttyddes Sjöfartens Arbetarskyddsnämnd. SAN:s parhäst är Sjöfartens Arbetsmiljöstiftelse (SAMS), som tillförs 0,02 procent av de sjöanställdas totala lönesumma. På så vis finansieras den forskning och andra satsningar som SAN tar initiativ till.

Efter inledande decennier av bittert ställningskrig på varsin sida om barrikaden har sjöarbetsmarknadens parter funnit fungerande former för att både tillvarata sina respektive intressen och nå fram till uppgörelser som parterna kan leva med. ■

Torpederat fartyg från första världskriget.
Foto Fox Film Corp. / SMMs arkiv.

3

Första världskriget

Det vi kallar första världskriget var egentligen inte den första världsomspännande konflikten. Snarare borde beteckningen ha tillfallit sjuårskriget 1756–63. Det utkämpades inte enbart i Europa utan även i de franska och brittiska huvudkombattanternas transoceana kolonier och därmed ute på världshaven.

3 Första världskriget

Men namn sätter sig. Första världskriget 1914–18 blev det förödande resultatet av en obeveklig händelsekedja, som kulminerade i Sarajevo den 28 juni 1914. En bosnienserbisk student mördade den österrikiske tronföljaren Franz Ferdinand och hans gemål Sophie. Skotten i Sarajevo frammanade en krigspsykos.

Det internationella handelsutbytet hade ökat kraftigt under decennierna före världskriget. Orsaken var de framsteg som hade gjorts inom sjöfarten. Invigningen av Suezkanalen 1869 banade väg för strategiska kolbunkerstationer längs farlederna österut. Ändamålsenliga ångfartyg öppnade Östern med snabbare transporter än någonsin. Det industrialiserade Europas produkter byttes mot yttervärldens råvaror och livsmedel. 1913 inleddes dock med en period av stagnation, som skulle fortsätta under krigets första år.

Av en historisk slump råkade krigsupptakten 1914 sammanfalla med invigningen av ytterligare en strategisk transportled, Panamakanalen, som också skulle revolutionera världshandeln.

Det nyligen enade Tyskland hade genomgått en enastående snabb utveckling på alla områden, även sjöfartens. Omedelbart före krigsutbrottet var landet tvåa på Lloyd's lista över världens handelsflottor; långt efter ledande Storbritannien men före både USA och Norge (Sverige låg på tionde plats, omedelbart efter Österrike-Ungern!).

Ett exempel är Hamburg American Line, som hade grundats 1847 med två segelfartyg i flottan – varpå man snart gick över till ångfartyg. Ett halvsekel senare var Hamburg American Line världens största rederi med uppemot 500 fartyg på ett sjuttiotal linjer. Rederiets officiella tyska namn gav förkortningen HAPAG.

Ett annat exempel var det Bremenbaserade Norddeutscher Lloyd. Under det nya seklets första år hade NDL:s passagerarångare Kaiser Wilhelm der Große tävlat tappert men fåfängt mot Hapags Deutschland om utmärkelsen Blue Riband of the Atlantic, Atlantens blå band.

Dessa båda rederigiganter skulle resa sig två gånger, efter att nästintill ha utplånats under bägge världskrigen. 1970 slog de ihop påsarna till dagens containerjätte Hapag-Lloyd.

Den utlösande faktorn

Kriget låg "i luften" och skotten i Sarajevo blev den utlösande faktorn. Vare sig Gavrilo Princip och hans sammansvurna handlade på uppdrag av Serbiens militära underrättelsetjänst eller på eget bevåg låg även deras aktion "i luften". Balkans karta var en nagel i ögat på alla serber som strävade efter ett enat Serbien. Det var kanske inte märkligare än den motsvarande anda som vid samma tid rådde bland det tyskbehärskade Slesvigs danskar. Även de ville återförenas med sitt moderland.

Mellan Serbiens skyddsmakt Ryssland och Österrike-Ungern fanns allvarliga motsättningar om hur Balkans politiska karta skulle se ut. De panslaviskt inriktade ryssarna var förbittrade över att ej ha fått det inflytande de ansåg sig vara berättigade till på Balkanhalvön, sedan de hade motat bort de osmanska turkarna från stora delar av området genom det rysk-turkiska kriget 1877–78. Rysslands egentliga avsikt var att få kontroll över Konstantinopel och därmed sjölederna mellan Svarta havet och Medelhavet; Bosporen och Dardanellerna. Samtidigt ville Ryssland uppnå kontroll över Balkans slaviskt befolkade områden.

1912–13 utkämpades två krig mellan regionala allianser, där alla strävade efter att utvidga sina respektive territorier. Under det första drevs turkarna bort från merparten av sitt återstående territorium på Balkanhalvön, däribland tvistefröet Makedonien. Men här var inte den panslaviska gemenskapen helig. I det andra Balkankriget 1913 angrep Bulgarien sin allierade granne Serbien. Ortodoxa trosfränder stod mot varandra. Balkankrigen blev ett mycket betydelsefullt inslag i upptakten till första världskriget.

Der Vielvölkerstaat (”mångnationsstaten”) Österrike-Ungern styrde över det flernationella men serbdominerade Vojvodina i norr. Det innebar att dubbelmonarkin sträckte sig ända in i den serbiska huvudstaden Belgrads norra förorter. 1908 hade den mäktige grannen dessutom annekterat det delvis serbdominerade Bosnien-Hercegovina, där attentatsplatsen Sarajevo var och är huvudort.

Invigningen av Panamakanalen råkade sammanfalla med upptakten till första världskriget. Här med passagerarfartyget s/s Buckey State. Foto Björn Hedin / SMMs arkiv.

Österrike-Ungern lade hela skulden för kejsarmordet på Serbien, som tillsändes ett fränt formulerat ultimatum. Innan den givna tidsfristen hade löpt ut hade Serbien gått med på flertalet krav. Exakt en månad efter skotten i Sarajevo, den 28 juli 1914, förklarade Österrike-Ungern ändå krig mot Serbien. Fientligheterna inleddes.

Dubbelmonarkins mäktige allierade Tyskland förklarade den 1 augusti krig mot Serbiens skyddsmakt Ryssland, och den 4 augusti mot det med Ryssland allierade Frankrike. Detta, samt Tysklands kränkning av Belgiens neutralitet, fick Storbritannien att i sin tur förklara krig. Parterna formerade sig. Den så kallade ententen bestod av Storbritannien, Frankrike, Ryssland samt något senare Japan och från 1915 även Italien. 1917 gick USA in på ententens sida. Mot sig hade de centralmakterna, som bestod av Tyskland, Österrike-Ungern och så småningom även Turkiet och Bulgarien.

Krigskontraband

Redan den 3 augusti förklarade sig Sverige – i likhet med Norge – neutralt. Det fick Ryssland att avbryta förberedelser i syfte att spärra in den svenska flottan i Karlskrona. Nu stundade en ömtålig balansgång. Den svenska järnmalmsexporten var oumbärlig för Tysklands rustning och krigsinsats. Samtidigt pågick den svenska sjöfarten på brittiska hamnar i oförminskad omfattning, med sågat virke som stabil exportvara. Bådadera förklarades av respektive motståndarläger vara krigskontraband, "förbjuden vara".

På hösten 1914 släcktes fyrar och lysbojar längs den svenska sydkusten, efter tyska påtryckningar. Följden blev strandningar och grundstötningar. Krigsutbrottet satte även stopp för en omfattande tysk turism till skånska Kullaberg. 1910 hade järnvägen mellan Höganäs och badparadiset Mölle invigts. Därmed fanns – via tågfärja – en direktlinje ända från Berlin till foten av Kullaberg. Det blev en kortvarig idyll för berlinarna.

I februari 1915 proklamerade Tyskland en krigszon runt de brittiska öarna, som svar på ententens handelsblockad i syfte att svälta ut fienden. Tyskarna blev först i sjökrigets historia med att använda sig av ubåtsvapnet i storskalig om-

NACH SCHWEDEN
VIA
SASSNITZ-TRELLEBOR
EISENBAHN-FÄHRSCHIFF-VERBINDU
DIREKTE WAGEN

AROUND THE WORL
▲ 110 DAYS ▲
S.S. VICTORIA LUISE
16500 TONS
FROM NEW YORK
NOV. 12. 1912
FROM SAN FRANC
FEB. 27. 19
BOOK
NOW
$65
AND UP
INCLUDING AL
NECESSARY E
PENSES ABOAR
AND ASHORE.
HAMBURG AMERICAN LINE

Ur boken "Passagerarfartyg på affischer"
Red. Thure Malmberg / Peter Raudstepp. Helsingfors 2001.

fattning. De inledde nu ett ubåtskrig mot handelssjöfarten på brittiska hamnar. Den svenska sjöfarten fortsatte dock, efter den första krigsmånadens avvaktan. Sverige var starkt beroende av kolimporten därifrån.

Även på de transoceana traderna fortsatte den svenska sjöfarten. Men stor förvirring rådde. Flertalet fartyg var ännu inte utrustade med trådlös telegrafi. De som kunde nås telegrafiskt under liggetid i hamn informerades om krigsläget, men befälhavarna hänvisades ofta till sin egen bedömning av situationen och vad som borde göras.

Krigsförsäkringskommission

Det har sagts att den svenska handelsflottan hade "tur" under världskrigets första månad. Snarare berodde avsaknaden av krigsförlisningar på att en stor del av flottan hölls kvar i svensk hamn den första tiden efter krigsutbrottet. Men snart nog kom sjöfarten igång igen, sedan regeringen hade tillsatt Statens Krigsförsäkringskommission. Detta nya organ garanterade redarna ersättning vid krigsskador på fartygen, för att de i samhällets och folkförsörjningens intresse skulle hålla sjölederna öppna.

Vid krigsutbrottet uppgick den svenska sjömanskåren till drygt 21 000 man och knappt 2 000 kvinnor. De var de enda svenskar som direkt utsattes för krigets fasor. Även deras riskfyllda förhållanden måste regleras. Vid nyåret 1915 slöts för första gången någonsin en uppgörelse om krigsriskersättning.

En lång och sorglig följd av krigsförlisningar drabbade den svenska sjöfarten och skulle fortsätta långt efter vapenstilleståndet den 11 november 1918. Minor är försåtliga och respekterar inga fredsavtal.

Först att råka illa ut var Wilsonlinjens s/s St. Paul, som minsprängdes och sjönk utanför Tyne den 2 september 1914. Hela besättningen kunde räddas av kollegorna på norska s/s Bruse. En kuriositet är att St. Paul råkade vara det allra första svenska lastfartyget som hade utrustats med en radioanläggning. Kapten lär ha varskott telegrafisten att sända den nya nödsignalen SOS, men sändarantennen rasade ned innan så kunde ske.

Snart började kriget kräva sin tribut i svenska sjömäns liv. Det första offret var övermaskinisten Erik Gustav Sjölin på Ångfartygs AB Trios lilla s/s Tua, som sjönk efter att nattetid ha blivit påseglat av ett brittiskt örlogsfartyg ute på Nordsjön. Sedan följde de slag i slag innan det första krigsåret var tillända; Ångfartygs AB Jernbardens s/s Alice med två omkomna, Ångfartygs AB Örnens s/s Örnen med sex, Ångfartygs AB Thules s/s Atle med sex, Ångfartygs AB Libras s/s Andrea med 15, Ångfartygs AB Hyperions s/s Everilda med 17, Rederi-Sveas s/s Norra Sverige med 25, Rederi AB Malmös s/s Anna-Greta med 17 och Otto Bancks s/s Irma med 14. Samtliga blev minsprängda. Till dem kan fogas Otto Bancks s/s Carma, som försvann spårlöst med man och allt under gång mellan Amsterdam och Blyth – även hon troligen minsprängd.

Året därpå började även torpeder drabba civila svenska fartyg. För maskinfolket nere i fartygets "hjärta" kunde det kanske komma på ett ut, men de övriga besättningsmedlemmarna föredrog nog torpederna framför de lömska minorna, som slog till utan minsta förvarning. Under dygnets ljusa del kunde den annalkande projektilens bana genom vattnet siktas från det utsatta fartyget. Därigenom hade de kanske en chans att snabbt fly undan från den direkta träffpunkten ombord.

1915 inleddes också något annat, som kan tyckas vara märkligt med tanke på omständigheterna. Marknaden drabbades av glädjefnatt. Gamla uttjänta passagerarångare som var mogna för upphuggning lär snabbt ha byggts om och satts i trafik som lastfartyg. "Andrahandspriset på svenska ångare steg 15-faldigt", konstaterar Robert Hermansson i Sveriges Redareförening 100 år. Det berättas om hejdlösa spekulationer och vinstutdelningar på rederiaktier som slog rekord efter rekord. Yngve Gyllin betonar dock i Förbund på sju hav: "De äldre, mera stabila rederierna höll med några få undantag i regel måttan, men spekulationsrederierna som vuxit upp som svampar ur jorden visade inte några som helst hämningar."

Det oinskränkta ubåtskriget

Efter två krigsår var tyskarna starkt pressade av ententens handelsblockad. Deras motdrag blev formidabelt och brutalt utan motstycke i sjökrigets långa historia.

Den 31 januari 1917 proklamerade Tyskland det oinskränkta ubåtskriget. I princip blev all sjöfart på europeiska vatten lovligt byte för de tyska ubåtarna.

Befälhavaren H. Henricsson och hans besättning var lyckligt ovetande om detta när den svenska fyrmastbarken Hugo Hamilton stävade hemåt i makligt tempo, lastad med 3 800 ton salpeter. Lasten var hett efterlängtad som gödningsmedel till det svenska jordbruket. Den 9 december 1916 hade hon lämnat Caleta Buena i Chile, och fartyget hade ingen radioutrustning. Två månader och tre dagar senare mötte hon sitt öde utanför Irland. U 81 sänkte denna grandiosa skönhet under neutral flagg. Dock fick de 31 besättningsmedlemmarna först gå i de båda livbåtarna, som hade skadats då de sattes ut i den grova sjön. De öste och rodde förtvivlat i den hårda kulingen med snöbyar och hög sjö.

Samtidigt gick norska s/s Rio de la Plata på sydlig kurs. Det berättas att skepparen och 1:e styrman oberoende av varandra hade fått samma impuls: Fartyget måste lägga om kursen västvart, åt styrbord! De följde ingivelsen och kunde därmed sikta och bärga Hugo Hamiltons nödställda besättning, som fick följa med till Funchal på Madeira.

Den 92 meter långa Hugo Hamilton, sjösatt på Harland & Wolff i Belfast 1883 och god för 2 570 bruttoregisterton, var det största segelfartyg som någonsin har seglat under svensk flagg. Det hann hon göra i blott tio månader. På Sjömanskyrkan i Stockholm finns ett utsökt sjömansarbete i form av Hugo Hamilton som flaskskepp, närmare bestämt barken passerande Landsort med dess karakteristiska fyr.

Ett annat drama drabbade besättningarna på två fartyg som gick för Förnyade Ångfartygs AB Viking, ett helägt dotterbolag till Rederi AB Transatlantic. s/s Aspen och s/s Viken hade prejats av britterna och hölls i Kirkwall på Orkney. Fartygen var lastade med vete från Philadelphia respektive svavel från Freeport i Texas. Den 17 maj 1917 upphävde britterna kvarstaden. Klockan 1600 lättade fartygen ankar och började stäva mot Sverige. Sikten var klar och de var tydligt märkta med namn och nationalitetsmärken på sidorna. Fri lejd hade utverkats av tyskarna. Men efter knappt fyra timmar siktades från Vikens brygga en torped med kurs mot fartyget. Torpeden träffade sitt mål och Viken sjönk på mindre än en minut. Från Aspen observerades hur sjömän från Viken simmade omkring bland vrakspillrorna. Livbåtar firades i sjön för att rädda dem. Just då träffades även Aspen av en torped, men hon sjönk inte. Ubåten gick upp i ytläge och försökte göra slut på henne med ett tjugotal kanonskott. Även det misslyckades. Facit för dramat på Nordsjön blev att åtta man följde Viken i djupet. Övriga därifrån och samtliga från Aspen, sammanlagt ett femtiotal personer, räddades av ett brittiskt örlogsfartyg. Aspen bogserades tillbaka till Kirkwall och kunde så småningom sättas i stånd igen. Först 1930 beseglades hennes öde av en svår storm. Ovidia, som hon då hette, förliste på Nordatlanten. Hela besättningen räddades av kollegorna på Cunard Line's s/s Mauretania, syster till Lusitania.

Versaillefreden

Två händelser bidrog starkt till att USA 1917 skulle ansluta sig till kriget. Den ena var sänkningen av Cunards passagerarångare Lusitania utanför Irlands sydspets Cape Clear den 7 maj 1915. Bland de 1 198 dödsoffren fanns 128 amerikaner. Det väckte ett ramaskri inom den amerikanska opinionen. Det andra var det oinskränkta ubåtskriget, som slog blint mot alla nationers sjöfart och sjöfolk. När USA väl hade bestämt sig och kommit igång med sin effektiva krigföring var centralmakternas öde snart beseglat. Sönderfallet skedde snabbt under sensommaren 1918.

Första världskriget hade krävt ohyggligt stora offer, enbart bland de stridande omkring tio miljoner stupade och dubbelt så många sårade och lemlästade. Därtill kommer minst lika många civila offer för krigshandlingar, hungersnöd, massakrer och folkfördrivningar.

Versaillefreden som formellt satte punkt för kriget undertecknades den 28 juni 1919, på dagen fem år efter de ödesdigra skotten i Sarajevo. Ryssland hade gått sin egen revolutionära väg, men den övriga ententen tog nu en gruvlig hämnd på de förlorande centralmakterna.

Särskilt utbrett var hatet mot Tyskland för dess brutala krigföring, inte minst under det oinskränkta ubåtskriget. Tyskland förlorade nu stora landområden och alla sina transoceana kolonier. Dessutom ålades det i stor utsträck-

Den tyska ubåten nr 8 i ytläge. Fotograf okänd / SMMs arkiv.

ning utarmade landet att betala krigsskadestånd långt utöver vad det orkade bära. Däri föddes ett frö av revanschsugen frustration som snart skulle gro till nya tyska makthavare. Bara 20 år efter Versaillefreden skulle de leda in Tyskland och världen i ännu en katastrof.

I Saint-Germainfreden den 10 september 1919 tog segermakterna itu med Österrike-Ungern. Den jättelika habsburgska dubbelmonarkin förlorade i ett huj sina oceanhamnar vid Adriatiska havet och krymptes ihop till en liten tyskspråkig inlandsstat.

Den tyska militärens starka lojalitetsband och hedersbegrepp, die Ehre, frambringade för Marinens del en spektakulär slutaktion. Platsen var den strategiskt viktiga, skyddade havsviken och djuphamnen Scapa Flow på Orkneyöarna, där Royal Navy vid denna tid hade sin huvudbas. Efter vapenstilleståndet internerades hela den kvarvarande tyska högsjöflottan just där; elva slagskepp, fem linjekryssare och 58 jagare. Den 21 juni 1919 gav konteramiral Ludwig von

Reuter med kodad flaggsignal order om sänkning av samtliga fartyg för att inte flottan skulle bli britternas krigsbyte.

En annan tysk fartygschef skulle bli en i alla läger aktad man med en sjöhjältes nimbus – och så småningom hamna i Sverige, där han tillbringade sina sista år. 16 år gammal rymde greve Felix von Luckner 1897 från sin mormor i Halle. Han gick till sjöss och seglade på världshaven under varierande flaggor i sju år. Efter sjöofficersutbildning gjorde han krigstjänst i Kejserliga Marinen och deltog bland annat i det blodiga Skagerackslaget 1916 mellan tyska och brittiska flottstyrkor. Slaget krävde uppemot 10 000 liv, varav två tredjedelar på den "segrande" brittiska sidan.

Blockaden hade gjort drivmedlet kol till en bristvara. Tyskland satte nu även in bestyckade segelfartyg med hjälpmaskin som hjälpkryssare. Ett av dem var fullriggaren Seeadler ("Havsörnen", ex Pass of Balmaha), som i juletid 1916 stävade mot Stilla havet med von Luckner som fartygschef. Hon hade blindutrymmen för fångar och "övertaliga" besättningsmedlemmar samt finurligt dolda kanoner och kulsprutor. På utresan klarade Seeadler av en brittisk visitation, kamouflerad till norska skutan Irma med trälast ombord. Efter passage genom Panamakanalen trädde Seeadler i aktion som kaparfartyg. Besättningen kom snart att kallas "Kejsarens pirater" och deras fartygschef "Havets Djävul".

I rollen som kapare var det von Luckners strävan att åsamka fienden materiell skada, utan blodsutgjutelse. Det kunde ske genom att dreja bi och bjuda över fiendefartygets besättningsmedlemmar på förtäring, varpå de fann sig själva tillfångatagna och sitt fartyg sänkt. Fram till att Seeadler slutade sina dagar på ett rev i Franska Polynesien hösten 1917 kapades 15 fiendefartyg. Alla utom ett sänktes. Besättningarna frisläpptes i närmaste hamn. Under Seeadlers härjningståg i Söderhavet krävdes ett enda människoliv, en sjöman som skållades ihjäl i brittiska s/s Horngarths pannrum.

Lusitania
Sänkningen av passagerarturbinångfartyget Lusitania var en starkt bidragande orsak till USAs inträde i första världskriget. Fartyget torpederades och sänktes av den tyska ubåten U20 i Irländska sjön 7 maj 1915. Fartyget sjönk inom en halvtimme och 1198 man följde med i djupet.
Foto Macdonald & Co, Maclure / SMMs arkiv.

Hugo Hamilton

Hugo Hamilton, Sveriges genom tiderna största segelfartyg. Fartyget sänktes genom beskjutning av en tysk ubåt 12 februari 1917. Genom en ödets nyck räddades besättningen.
Foto Sam Svenssons samling / SMMs arkiv.

HUGO HAMILTON
SVERIGE

Långt senare ville nazisterna använda krigshjälten i propagandasyfte, men det ställde inte gentlemannen von Luckner upp på. I stället visade han var han stod genom att hjälpa en judisk kvinna att fly till USA. Efter andra världskriget flyttade han till Malmö, där han gifte sig med sockerkungen Max Engeströms dotter Ingegerd. Felix von Luckner seglade in i den sista hamnen 1966. Några år senare gjordes en fransk-tysk TV-serie i 39 avsnitt om hans äventyrliga liv.

Ett högt pris

Det civila sjöfolket hade fått betala ett oerhört högt pris under första världskriget. I Förbund på sju hav anger Yngve Gyllin siffran 787 svenska sjömansoffer under krigsåren. Samtidigt betonar han att den omfattar dödsfall på svenskflaggade fartyg. Ytterligare minst 430 svenska sjömän anses ha omkommit som besättningsmedlemmar i andra handelsfartyg, exempelvis brittiska.

Under krigsåren sänkte tyska ubåtar 2 099 civila brittiska fartyg. Totalt uppges 12 732 civila sjömän ha omkommit genom krigshandlingar mot brittiska fartyg.

I Lennart Lundbergs Handelsflottan under första världskriget anges antalet svenskflaggade krigsförlisningar till 260 fartyg.

Krigsårens mest omskrivna svenska fartygsförlisning inträffade emellertid en dryg vecka efter vapenstilleståndet och hade absolut ingenting med kriget att göra. Den 20 november 1918 sjönk s/s Per Brahe på fredliga Vättern och tog 25 personer med sig i djupet, däribland den genom sina odödliga sagomotiv evigt ryktbare konstnären John Bauer.

För det neutrala Sveriges sjöfart hade kriget fått en lång rad konsekvenser, i stort som smått. Till de mindre hörde att stormvarningstelegram hade dragits in av brist på meteorologiskt underlag. Britterna hade nämligen börjat hemligstämpla väderrapporter.

Apropå väder föddes vid denna tid en krigshistorisk fotnot i Bergen. Den världsledande norske meteorologen Vilhelm Bjerknes ledde Geofysisk Institutt, vars arbete kom igång under världskrigets slutskede. Det var det ännu pågående kriget som inspirerade honom och hans medarbetare till det slitstarka uttrycket ”front” i vädersammanhang.

Skagerackslaget 1916 mellan tyska och brittiska flottstyrkor krävde uppemot 10 000 liv. Fotograf okänd / SMMs arkiv.

Ett litet arv från första världskriget lever kvar i den svenska handelsflottan, om än anpassat till modernare teknik. Det gäller den dagliga nyhetsbulletinen SAX-presset, en tjänst som numera tillhandahålls av Sjömansservice i samarbete med nyhetsbyrån TT. Det började den 1 april 1915, som ett samarbete mellan Telegrafstyrelsen och Göteborgs Handels- och Sjöfarts-Tidning. Ett urval av de viktigaste dagsnyheterna sändes ut per morsetelegrafi på radions långvågsband till de fartyg som hade hunnit få ombord radioanläggning. Nyheterna försågs med telegramadressen SAX, en kollektiv anropssignal med betydelsen "till alla svenska fartyg". Efter drygt ett halvsekel med morsetelegrafi och ett mellanspel med fartygstelexsystemet Maritex sänds SAX-presset ut över världen per e-post via satellit.

Ett annat arv från den svenska sjöfarten under första världskriget ser vi på Skeppsholmen i Stockholm; det stolta skeppet af Chapman, som med all rätt har förärats epitetet "världens vackraste vandrarhem".

Branschen skrek efter utbildat sjöfolk. 1915 lade den ex-brittiska, nu norskflaggade fullriggaren Dunboyne till i Göteborg. Rederi AB Transatlantic köpte skönheten, satte svensk flagg på henne och döpte om henne efter rederiets skotskättade delgrundare. De närmast följande åren tjänstgjorde G.D. Kennedy som elevfartyg i fraktfart. Innan kriget tog slut hann hon bli prejad av de stridande parterna ett flertal gånger. I början av 1920-talet gick Transatlantic överstyr. 1923 togs G.D. Kennedy ur trafik. Rederiet kunde rekonstrueras, men segelfartygsepoken var nu definitivt avslutad för Transatlantics del. Marinen tog över fullriggaren som övningsfartyg för Skeppsgossekåren under nya namnet af Chapman, uppkallat efter Sveriges genom tiderna mest framstående skeppsbyggare, den engelskättade Fredric Henric af Chapman (1721–1808). Strax efter andra världskriget övergick hon i Svenska Turistföreningens tjänst som flytande vandrarhem.

Som vi kommer att se skulle fenomenet rederiägda elevfartyg långt senare få en ny renässans, bland dem en namne till G.D. Kennedy. ■

Chapman

af Chapman vid Skeppsbron i Stockholm är ett arv från den svenska sjöfarten under första världskriget. Foto Torbjörn Dalnäs.

Sven Salén med sin fru Dagmar Salén
på Sandhamnspromenad 1930.
Fotograf okänd / SMMs arkiv.

4

Mellankrigsåren

För många rederier hade världskriget paradoxalt nog utvecklat sig till en lysande affär. Dessutom upplevde sjömanskåren en extremt ovanlig period av full sysselsättning – med livet som insats. Men helt andra tider lurade bortom horisonten.

4 Mellankrigsåren

Många sjömansfamiljer hade mist sina försörjare och hamnat i vad som har kallats ”den tysta nöden”. Andra sjömän kom hem invalidiserade eller med andra sviter efter krigets fasor. Det kvardröjande fattigsamhällets blygsamma ersättningssystem förslog inte långt. Men på hösten 1918 togs initiativ till att ge den svenska sjömanskåren ”nationens tack och hyllning för dess betydelsefulla och farofyllda arbete att hålla vårt lands förbindelser och tillförsel till sjöss öppna”. 1919 bildades Nationalfonden för sjökrigets offer. Syftet var att hjälpa dem som hade drabbats av kriget samt att ”åstadkomma ett för eftervärlden bestående minnesmärke” över deras insatser.

I fondens styrelse fanns både redarnas och sjömännens organisationer representerade; ett av de första exemplen på partssammansatta styrelser inom sjöfartsbranschen.

Minnesmärket förverkligades, i form av det ståtliga Sjömanstornet i Göteborg. Det invigdes av kung Gustav V sommaren 1933, tillsammans med grannen Sjöfartsmuseet. Bådadera hade ritats av arkitekten Karl M Bengtsson, men det är Ivar Johnssons staty Kvinna vid havet som tronar på Sjömanstornets topp. Kombinationen av tornet och den fem meter höga statyn anses med sina dryga 40 meter vara Sveriges högsta monumentalskulptur. ”Sjömanshustrun”, som vi brukar kalla henne, syns vida omkring där hon spanar ut över nejden efter sin sjöman som aldrig mer kommer hem. På den tolvkantiga sockeln sitter elva stentavlor med namnen på 690 omkomna sjömän och deras 98 fartyg.

Många sjömän menade att Nationalfonden för sjökrigets offer hade gjort utfästelser som helt kommit på skam. En tidstypisk kommentar till monumentet kunde vara att "de ger oss stenar i stället för bröd". Kåren efterlyste en arbetslöshetförsäkring, en effektiv bemanningslag och åtta timmars arbetsdag. När världen stod på randen till ännu ett förödande världskrig gav vänstertidningen Hamn & Sjö ut stridsskriften Hårt babord, som bl.a. innehåller avsnittet "De svikna löftenas monument":

> *... I dag, tjugo år senare, kan dock sjöfolket slå fast, att sjöfartsmonumentet visserligen fyller sin uppgift som minnesmärke över våra dränkta kamrater. Men löftena är fortfarande ouppfyllda ...*

Självsanering

Kriget lämnade efter sig en sönderslagen infrastruktur. Industrin ställdes om till civil produktion. Det gällde även sjöfarten, som nu präglades av USA:s inmarsch på scenen. Med frustande energi och i rasande takt hade landet byggt upp sin egen handelsflotta. Dess andel ökade från en tjugondel av världshandelsflottan vid krigsutbrottet till en fjärdedel vid krigsslutet. Snart skulle den amerikanska handelsflottan beskyllas för att dumpa världshandelns frakter.

I Sverige vädrade varv som de Broströmsägda Götaverken och Eriksberg samt Kockums i Malmö morgonluft. De hade fått rejäl draghjälp under kriget, då staten snabbt lät bygga en rad örlogsfartyg. Det var nu de dieseldrivna fartygen fick "vind i seglen", symboliskt uttryckt. Under kriget hade det endast fun-

Kvinna vid havet på Sjömanstornets topp, utanför Sjöfartsmuseet i Göteborg.
Ett minne över sjökrigets offer. Foto Torbjörn Dalnäs.

nits nio större svenska motorfartyg. Pionjären Rederi AB Nordstjernan stod för åtta av dem. Götaverken, som längre fram skulle lansera sin egen banbrytande dieselmotor, hade under mellankrigsperioden svensk ensamrätt till danska B&W:s patent. Transatlantics nybygge m/s Bullaren blev 1918 först ut med ett inopererat "hjärta" bestående av Götaverkens B&W-dieslar. Fartyget gjorde en maxfart på 13 knop och sattes in på Australien-farten. Processen blev utdragen. Först i slutet av 1930-talet var samtliga Transatlantic-fartyg dieseldrivna.

Frakterna fortsatte att vara skyhöga under tiden närmast efter krigsslutet; både för trälaster till England och kollaster hem därifrån. Men snart säckade marknaden ihop. Redan på hösten 1920 rådde en akut fraktbrist inom den svenska handelsflottan. Från redarhåll väcktes krav på reducerad hyra för de sjöanställda. Avtalen med sjömännens fackföreningar sades upp. Strejker bröt ut. Sjömanskåren drabbades av massarbetslöshet.

En starkt bidragande orsak till skeendet var de sista krigsårens spekulationsvåg i fartygstonnage. När fientligheterna hade upphört sjönk fartygen snabbt i värde. Nybildade rederier kraschade på löpande band.

Branschen självsanerades. De mindre seriösa spekulationsbolagen försvann. Kvar blev ett antal erfarna och livsdugliga rederier som nu satsade på nytt tonnage. Till dem hörde Broströms och Nordstjernan samt – efter lyckade rekonstruktioner – Transatlantic, Rederi-Svea och Svenska Lloyd.

Nya rederier

Helt nybildade rederier hakade på. En av tidens entreprenörer var den boråsfödde Sven Salén, som efter studentexamen och ekonomistudier i Göteborg gjorde sina lärospån i stadens sjöfartsmiljö. 1922 kom han i kontakt med AB Banan-Kompaniet, vars fruktimport han tog över med sina nyinköpta andrahandsfartyg. Därmed var grunden lagd för det som skulle bli ett världsledande kylrederi inom en så småningom stockholmsbaserad jättekoncern, som skulle bli stor även inom tank- och bulksjöfart.

Sven Salén hade även andra strängar på sin lyra. Han komponerade och sjöng egna visor och tillhörde tillsammans med vännen Evert Taube grundarna av Samfundet Visans vänner. Genom att upplåta kojplatser på sina fartyg gav han en rad svenska sångartister chansen att inspireras av karibiska rytmer. Ett exempel är Povel Ramel, som efter sin resa med m/s San Blas skaldade Måste vägen till Curaçao gynga så?. Sven Salén var också kappseglare av absolut världsklass och uppfinnare av det bland båtfolk väletablerade genuaseglet. Själv seglade han in i den sista hamnen hösten 1969 och slapp därmed uppleva Salénkoncernens storkonkurs 15 år senare.

Ytterligare en nykomling på scenen var stockholmaren och affärsmannen Olof Wallenius. 1934 grundade han Rederi AB Soya, köpte lilla m/s Bertil och lät bygga om henne till vegetabiloljetanker. m/t Soya blev därmed det nybildade rederiets allra första fartyg i en mycket lång rad, vars ände ej på något vis kan skönjas.

Privat var Olof Wallenius engagerad i hästsport och satt till sin död 1970 i

ledningen för Stockholms Travsällskap. Hans andra stora passion var operor. Det ledde till att en ny och bestående namnpolicy skulle födas inom rederiet. En nybyggd torrlastare döptes 1941 till operanamnet Rigoletto men såldes vidare strax före leveransen. Något år senare fördes samma namn i stället vidare till Transatlantics m/s Kolsnaren, som då övergick i Wallenius ägo. Rederiet är som vi skall se still going strong och sedan länge specialiserat på transoceana fordonstransporter, alltid med vackra och fantasieggande fartygsnamn från operans värld.

Svår tid

Mellankrigsperioden var i huvudsak en svår tid med massfattigdom och social oro, både hemma och ute i världen. Tidens gissel tuberkulosen krävde sin tribut, inte minst inom sjömanskåren. Glädjen över freden förbyttes snart i hungerkravaller. Ytterlighetsrörelser vädrade morgonluft. Redan den 24 januari 1920 presenterade en demobiliserad korpral på den förlorande sidan sitt groende

Bullaren
Transatlantics nybygge m/s Bullaren blev 1918 först ut med ett inopererat "hjärta" bestående av Götaverkens B&W-dieslar. Fotograf okänd / SMMs arkiv.

STOCKHOLMS REDERI A.B.
SVEA
RESETURER
SOMMAREN
1935

Sven Salén och Evert Taube sommaren 1930.
Fotograf okänd / SMMs arkiv.

politiska program: Fredsfördraget måste rivas upp, och Tyskland måste återupprustas och det stortyska livsrummet återupprättas under den germanska rasens ledarskap. Hans namn var Adolf Hitler.

Vid det första fredsdecenniets mitt inträffade en kort men efterlängtad högkonjunktur, till ackompanjemang av tidens amerikanska jazzmusik. Epoken kallades "glada tjugotalet" eller Roaring twenties, med anspelning på sjömansuttrycket Roaring forties (de rytande fyrtiogradsbältena syd om Sydafrika). Det var en tid av ekonomiska framgångar som även gav andra ringar på vattnet i form av tekniska och vetenskapliga landvinningar. Rundradiomediet fick sitt genombrott, Britterna sände världens första TV-program. I USA hade världens första ljudfilm premiär. Svenskamerikanen Charles Lindbergh flög över Atlanten och gav därmed en vag föraning om ett ännu avlägset hot mot den transatlantiska passagerarsjöfarten.

Denna andhämtningspaus avbröts abrupt den 29 oktober 1929, då börsen i New York kraschade. En förlamande depression spred sig raskt över världen och fick förödande konsekvenser. Bara i USA uppgick de arbetslösa snart till 15 miljoner. Landet började nu kräva in sin andel av krigsskadeståndet från Tyskland, som drabbades mycket hårt av depressionen med sju miljoner arbetslösa. Roaring twenties' spirande medelklass såg nu åter sin tillvaro slås i spillror. Tidens tecken gynnade extremister, varav de på högerkanten skulle dra det längsta strået.

Svensk politisk oro

Sverige präglades åter av hungerkravaller, facklig kamp och politisk oro. Skotten i Ådalen den 14 maj 1931 dödade fem människor, däribland sjömannen Sture Larsson från Höganäs. Bakgrunden till dramat var en arbetskonflikt vid Graningeverken, dit militär hade förflyttats för att skydda strejkbrytare.

Efter några år av relativt lugn jäste det även på sjöarbetsmarknadens waterfront. Många fartyg lades åter upp. ”Det var inte bara lågkonjunktur utan också den svåraste depressionsperiod under fredstid som sjöfarten upplevt i modern tid”, konstaterar Robert Hermansson i Sveriges Redareförening 100 år.

Sjömannen och nyblivne författaren Harry Martinson skaldade:

I tullens år lågo fartyg i viken
med däck bredvid däck likt en stålkall tundra
De lades i vikar i alla riken
och väntade så i kolonner på hundra

Depressionen ledde till en politisering av det fackliga arbetet, med en försvagande splittring som följd. Snart utbröt något av ett inbördeskrig mellan olika falanger inom det nybildade Svenska Sjöfolksförbundet – resultatet av ett samgående mellan flera olika manskapsorganisationer. Mot förbundsledningen och dess mera reformistiska hållning stod det den kommunistiska rörelsen närstående Röd Facklig Opposition.

Andra fronter

Många ut deras led, men även socialdemokrater och syndikalister, skulle snart söka sig till andra fronter. Den folkvalda regeringen i den unga republiken Spanien hotades av revolterande myterister, ledda av general Francisco Franco. Spanska inbördeskriget inleddes 1936 och skulle pågå till 1939, då myteristerna segrade med hjälp av de politiskt befryndade makterna Tyskland och Italien. Drygt 500 svenskar hade tagit sig dit som frivilliga på den republikanska sidan.

I tullens år lågo fartyg i viken med däck bredvid däck likt en stålkall tundra …
Harry Martinson. Upplagda fartyg. Foto Kurt Grundberg / SMMs arkiv.

MANFRED

SJÖFOLKETS SEGER
ARBETARKLASSENS
SEGER.

RINGEN
NINGARNA
KAMP MOT VARJE
REDUCERING!

RESERV
H.LYBERG
45

En klar majoritet kom ur sjömanskårens led. En tredjedel av dem stupade och blev kvar i Spaniens röda jord. Minnesmärken som erinrar om dem finns på Katarinavägen i Stockholm och Masthuggstorget i Göteborg.

En särling bland Spaniensvenskarna var den äventyrlige sjökaptenen Eric Ericsson, som med sin s/s Lola smugglade vapen till den republikanska sidan. Vid ett tillfälle tog han sig igenom Francosidans nät genom att hylla Hitler och Franco från sitt fartyg, som tillfälligt lär ha döpts om till Hitler av Bremen – självfallet förande hakkorsflagg. Historien om Eric Ericsson berättas i korthet i Lennart Lundbergs Svenskarna i spanska inbördeskriget 1936–1939.

Spanska inbördeskriget var en förpostfäktning till det som komma skulle. Under upptakten till ett nytt storkrig skaldade sjölivsskildraren Josef Kjellgren några rader som förmedlar sjömanskårens utsatthet under orostider:

> Sjöfararliv.
> Ångvisslorna, klockbojarna,
> stormen och fyrskenet i fjärran
> håller likvaka i natt.

Sjökonflikten i Göteborg 1933. (Föregående uppslag)
De Sillénska sjömännen protesterade på torsdagskvällen vid ett möte på Stortorget mot förbundets fredssignal. Fotograf okänd / Scanpix.

Strejkvakter vid ångaren Vänersborgs avgång. Blockerat fartyg lossar förtöjningarna och får ett stilla avsked. Fotograf okänd / Scanpix.

Oroligheter vid de arbetsvilligas logementsfartyg i Halmstad. Fotograf okänd / Scanpix.

De allierades motmedel mot tyska ubåtar var sjunkbomber.
Foto Marinens pressdetalj / SMMs arkiv.

5

Andra världskriget

För handelsflottans sjömän var andra världskriget 1939–45 de utsvängda livbåtarnas och de mot minor skyddssvepande paravanernas år. Minnet från första världskriget levde inom kåren. Vid det nya krigets utbrott anade de svenska fartygens besättningsmedlemmar vad som lurade bortom horisonten. De var de enda svenskar som under ofärdsåren skulle utsättas för krigets fasor, på otaliga krigsskådeplatser till sjöss och i hamn.

5 Andra världskriget

Första världskrigets utgång hade grundligt stuvat om Europas karta. 1920 blev Danzig (dagens polska Gdańsk) en fristat med särskild status, under det nybildade Nationernas Förbunds beskydd. Omedelbart väst om fristaten upprättades en smal landförbindelse från det återupprättade Polen i syd upp till havet, längs en väg som belades med gatsten från Bohuslän.

Polska korridoren med den nyanlagda storhamnen Gdynia skar därmed av floden Wisłas/Weichsels mynning och det ännu tyskbehärskade Ostpreussen öster därom från huvuddelen av Tyskland i väst. I Freie Stadt Danzig ansvarade Polen formellt för utrikespolitik och tullfrågor medan det i övrigt rådde autonomi för stadens tyskspråkiga majoritet. Det fanns en liten polsk garnison på fristatens mynningsudde Westerplatte.

Polen nådde nu till Östersjön och Danzigbuktens västligaste del, det som förr kallades Putziger Wiek (och anses ha givit upphov till stadsdelsnamnet Pustervik i Göteborg). Där låg en kasjubisk fiskeby vid namn Pùck (förtyskat till ”Putzig”). Dessa trakter av Östpommern var varken ”tyska” eller ”polska” utan befolkades då som nu av minoritetsfolket kasjuberna, som talar sitt eget slaviska språk. Just där svor polackerna 1920 en symbolisk trohetsed till havet.

Startpunkt Westerplatte

Knappt 20 år senare, den 1 september 1939, inledde Nazi-Tyskland ett våldsamt angrepp mot Westerplatte. Det var samtidigt startskottet för andra världskriget.

Garnisonens 182 polacker bjöd heroiskt motstånd. Men efter en vecka tvingades de ge upp. Deras ammunition var slut, men deras okuvliga hjältemod står för evigt inskrivet i historieböckerna.

Efter en månad hade hela Polen fallit. Den allra sista bastionen var en örlogsbas på den långsmala landremsan Hel (äldre tiders Putziger Nehrung), som av naturen hade tilldelats rollen som vågbrytare i Danzigbuktens nordvästra del.

Polen väster om floden Bug blev nu ett tyskt "generalguvernement" medan polska områden öster därom besattes av sovjetiska trupper. De till synes disparata makterna Nazi-Tyskland och Sovjetunionen hade en vecka före krigsutbrottet gjort upp om detta i den så kallade Molotov-Ribbentrop-pakten, som på kort sikt även gav fältet fritt för sovjetisk expansion i Baltikum och Östkarelen. Finland bjöd tappert motstånd under det finsk-sovjetiska vinterkriget 1939–40 och lyckades freda huvuddelen av sitt territorium. (Just vid denna tid hade för övrigt Storbritannien och Frankrike planer på att, via Narvik och Luleå, intervenera på Finlands sida. Det egentliga syftet var att få fotfäste på de svenska malmfälten i syfte att skära av den för den tyska krigsindustrin livsnödvändiga järnmalmsexporten.)

Under stor dramatik lyckades flera polska örlogsfartyg fly undan de tyska ockupanterna. Några tog sig till Sverige. Ubåtarna Sep, Rys och Zbik (Gamen, Lodjuret och Vildkatten) låg först i Vaxholm men flyttades av säkerhetsskäl längre inåt fastlandet. De låg en tid vid Strömkajen i Stockholm, just framför den nazityska legationen på Blasieholmen. Besättningarna var noga med att på bestämda tider hissa och hala den polska flaggen, som enligt nazityskt synsätt inte längre existerade. Flaggningen mitt framför legationens fönster väckte irritation. Tyskarna besvärade sig hos de svenska myndigheterna. De polska fartygen förpassades vidare in i Mälaren, till Mariefred, där flera besättningsmedlemmar slöt egna allianser med traktens unga damer och rotade sig för återstoden av livet.

Även det vackra segelfartyget Dar Pomorza räddade sig till Sverige och skulle kriget ut bida sin tid på Beckholmen i Stockholm. Hon är identisk med Prinzess Eitel Friedrich, som ingick i Tysklands gigantiska krigsskadestånd till segermakterna efter första världskriget. 1930 hamnade hon i polsk ägo och fick sitt nya namn, som betyder ”Pommerns Gåva”.

De första svenska offren

Den 3 september förklarade de med Polen allierade Frankrike och Storbritannien, samt Australien, krig mot Tyskland. Det tyska svaret kom blixtsnabbt och gav en tydlig föraning om fortsättningen. Redan samma dag torpederades den brittiska passagerarångaren Athenia utan förvarning syd om Rockall av den tyska ubåten U 30. Bland de fartyg som skyndade till haveriplatsen märktes den svenske industrimagnaten Axel Wenner-Grens s/s Southern Cross, som vid denna tid lär ha varit världens största privatägda yacht. Hon uppges ha räddat 399 människoliv från Athenia!

Av Athenias 1 103 ombordvarande (samtliga civila) omkom 118, däribland 28 amerikaner. Oro för att USA därmed skulle dras in i kriget bör ha bidragit till skyndsamma officiella beklaganden från tysk sida, med hänvisning till att man hade förväxlat Athenia med ett bestyckat fartyg och att sänkningen således hade skett av misstag.

Andra världskriget inleddes i Danzig. Fotograf okänd / SMMs arkiv.
De polska ubåtarna Sep, Rys och Zbik (Gamen, Lodjuret och Vildkatten) lyckades ta sig till Sverige där de blev kvar kriget ut. På bilden syns Zbik och Rys. Luckorna akterut döljer anordning för minfällning. Fotograf okänd / SMMs arkiv.

Hotel.

Transatlantics Gunnar Carlsson var något av en inofficiell sjöfartsminister. Han gick i bräschen genom att låta två av Transatlantics egna fartyg – Gullmaren och Remmaren – ta risken att testa systemet. Fotograf okänd / SMMs arkiv.

Gullmaren

Gullmaren dirigerades 1940 till New York för att ta full last till Göteborg och därmed bli Sveriges första leidfartyg under andra världskriget. Foto Hansen/Pedersen / SMMs arkiv

Sverige hade förklarat sig neutralt vid krigsutbrottet. Men det skulle inte dröja länge innan kriget även drabbade svenska intressen. Den 24 september sänkte den tyska ubåten U 4 s/s Gertrud Bratt vid Jomfruland utanför den norska sydkusten. Dock lät man besättningen gå i livbåtarna innan torpeden avfyrades. Fartyget, som tillhörde göteborgsrederiet Adolf Bratt & Co, hade avseglat från Norrsundet med Bristol som destination.

Likaledes neutrala Finland hade drabbats ännu tidigare. Redan den 8 september minsprängdes Gustaf Eriksons åländska fyrmastbark Olivebank på Nordsjön. Tolv man omkom.

I rask följd drabbades fler svenska fartyg: Rederi AB Sylvias s/s Silesia, Broströms s/s Nyland, Kalmar Rederi AB:s s/s Britt, Rederi AB Vingas s/s Gun och Rederi AB Arilds s/s Mercia. Den 9 oktober sänktes Rederi AB Sylvia s/s Vistula vid Shetlandsöarna av tyska U 37. Även då fick besättningen nåden att gå i livbåtarna. Men vinden friskade i och vädret försämrades snabbt. Styrbords livbåt nådde aldrig land utan vattenfylldes och försvann i havets djup med sin mänskliga last. Åtta svenskar och en ryss blev det neutrala Sveriges första krigsoffer. Det skulle bli många, många fler.

Skagerrakspärr och lejdsjöfart

Den 9 april 1940 inledde Tyskland ”Operation Weserübung”. Sveriges skandinaviska grannländer invaderades. Danmark kapitulerade i stort sett omedelbart medan norrmännen bjöd tappert motstånd mot övermakten. Ett exempel är sänkningen av den tyska kryssaren Blücher i Oslofjorden redan under invasionens första dag. Den aktionen, som tog ett tusental tyska flottisters och soldaters liv, fördröjde ockupanternas intåg i Oslo. Norrmännen fick tid att evakuera kungafamiljen och den politiska ledningen samt organisera motståndet.

En av tyskarnas första åtgärder var att inrätta ett heltäckande minfält mellan Lindesnes och Hanstholm, förutom en kontrollerad ränna längs den norska kusten. Skagerrakspärren bevakades dygnet runt av tyska patrullbåtar och tyskt flyg. Åtgärden fick mycket långtgående konsekvenser för det starkt import- och exportberoende Sverige, vars handelsflotta nu delades i två hälfter; de huvud-

Brasil I januari 1943 minsprängdes Johnsons Brasil utanför norska västkusten. Besättningen kunde räddas. Fotograf okänd / SMMs arkiv.

Murjek Grängesbergsbolagets lejdfartyg Murjek sänktes med man och allt vid Färöarna den 28 februari 1941. Fotograf okänd / SMMs arkiv.

Venezuela
Den 17 april 1941 sänkte tyska U 123 m/s Venezuela på Nordatlanten med man och allt. 41 besättningsmedlemmar och åtta finländska passagerare omkom. Fotograf okänd / SMMs arkiv.

C. INTERNATIONAL

Stureborg
Sommaren 1942 stävade Röda Kors-fartyget Stureborg mot Haifa för att lasta vete till Greklands svältande folk. Syd om Cypern torpederades hon av italienskt flyg och sjönk på mindre än en minut. Halva besättningen omkom omedelbart medan tio man lyckades ta sig upp på den osurrade räddningsflotte som vid denna tid var föreskriven på alla svenska fartyg. På flotten fanns en mycket begränsad mängd färskvatten och proviant. En efter en föll de ifrån av brännskador, törst och hunger. När flotten äntligen nådde land efter 18 dygn var endast en ur besättningen kvar i livet.
Fotograf okänd / SMMs arkiv.

sakligen äldre ångfartyg som befann sig innanför och de huvudsakligen moderna, maskindrivna fartyg som befann sig utanför spärren och skulle förbli där kriget ut. Omkring 8 000 svenska sjömän var nu utestängda från hemlandet och kom i stället att göra stor nytta i den allierade krigsinsatsen.

För det neutrala Sverige var sjöfarten en bokstavlig livlina. Utan den skulle varubrist och svält snart stå för dörren. Nu hade en helt ny situation uppstått. Landet var inringat och hade hamnat i ett mycket problematiskt beroendeförhållande till det mäktiga Tyskland. Ett fullt rimligt scenario vore att Sverige hade svultits ut, pressats ned på knä och i slutändan tvingats acceptera ett långtgående nazityskt "beskydd".

Men livlinan kunde säkras tack vare djärva och skickliga förhandlingar i den högre diplomatiska skolan. Spindel i nätet var Rederi AB Transatlantics VD Gunnar Carlsson, som redan under första världskriget hade visat sin mångsidiga kompetens till båtnad för nationen och dess sjöfart. Nu var han även ordförande i Sveriges Redareförening och ledande kraft inom den föreningen närstående Sjöfartskommittén 1939, som bistod regeringen i den svåra uppgiften att säkra landets utrikeshandel efter krigsutbrottet. Carlsson ledde personligen förhandlingarna med de allierade makterna för att få till stånd fri lejd för oceangående svenska fartyg. Motsvarande förhandlingar med Tyskland sköttes av skeppsredare K.R. Bökman, som var VD för Svenska Lloyd. Efter att de genomförts framgångsrikt tog den delikata uppgiften vid att samordna de brittiska och tyska kraven beträffande kontrollfunktioner, rutter med mera. Gunnar Carlsson gick nu i bräschen genom att låta två av Transatlantics egna fartyg ta risken att testa systemet.

Mot slutet av 1940 lämnade Remmaren Göteborg i ballast, samtidigt som Gullmaren dirigerades till New York för att ta full last till Göteborg. En given

Offer för ubåtskriget, räddade av ett amerikanskt fartyg utanför franska kusten.
Foto Text och Bilder / SMMs arkiv.

förutsättning var att USA då ännu inte deltog i kriget. Om Gullmaren trots allt skulle stöta på patrull inför passagen genom Skagerrakspärren var reservplanen att i stället gå till Murmansk och lossa lasten där. Men den 30 december ankom fartyget till sin hemmahamn Göteborg. Därmed hade lejdtrafiken inletts.

Egentligen är beteckningen lejdtrafik en aning missvisande. De krigförande talade inte i termer av bokstavlig fri lejd (Geleit respektive safe-conduct) utan snarare om tillstånd för de berörda fartygen att passera på egen risk. I officiella sammanhang användes i stället beteckningen Göteborgstrafiken. Varje fartyg fick sitt namn samt SVERIGE och svenska flaggor målade på däck och utsidor för att underlätta identifiering och minimera risken för krigshandlingar ”av misstag”. Med ombord fanns en kontrollofficer; en yrkesmilitär som skötte

Svenska handelsfartyg i konvoj på Östersjön.
Foto Marinens pressdetalj / SMMs arkiv.

kontakten med den tyska inspektionen i norska Kristiansand Syd samt den brittiska på Shetlandsöarna.

Livlinan hölls intakt kriget ut, i princip med fyra fartyg per månad. Sammanlagt ankom de 76 deltagande fartygen till Göteborg 234 gånger, lastade med för folkförsörjningen ovärderliga livsmedel och råvaror. Lejdfartygen avgick från Göteborg 227 gånger, ofta fullastade med svenska exportvaror. Många av de enskilda fartygen gjorde ett flertal rundresor. Remmaren var på sin åttonde lejdresa då hon hösten 1942 minsprängdes på Nordsjön, lastad med linfrön, foderkakor, hudar och ull från Buenos Aires. Sedan USA kommit med kriget efter den japanska attacken mot Pearl Harbor den 7 december 1941 gick lejdtrafiken huvudsakligen på sydamerikanska hamnar, företrädesvis Buenos Aires, samt på hamnar

Paravanen var en plogliknande anordning på fartyg för att svepa undan förankrade minor.
Foto Marinens pressdetalj / SMMs arkiv.

Livbåtar från en ångare som gått på en tysk mina. Här lägger de till vid den japanska ångaren Teruhumi Maru.
Foto Text och Bilder / SMMs arkiv.

The life-line is firm
thanks to the
MERCHANT NAVY

i det neutrala Portugals kolonier Angola och Moçambique i södra Afrika.

Remmaren var långt ifrån det enda krigsförlista lejdfartyget. Inte minst Johnson Line fick betala ett högt pris i människoliv och fartygstonnage, även i lejdtrafiken. Den 17 april 1941 sänkte tyska U 123 m/s Venezuela på Nordatlanten med man och allt (41 besättningsmedlemmar och åtta finländska passagerare omkom). Den 6 juli 1942 minsprängdes m/s Argentina i Skagerrak, varvid fyra man omkom. Den 8 januari 1943 avgick tre svenska fartyg i grupp från kontrollstationen Kristiansand Syd, med Buenos Aires som destination. Morgonen därpå minsprängdes Rederi-Sveas Sveajarl, varvid 36 av de 39 ombord omkom, samt Johnsons Brasil. Från det tredje fartyget, Johnsons Ecuador, sattes livbåtarna ut för att bärga Brasils besättning. När så skett och de skeppsbrutna tagits ombord försvann en livbåt med sju man från Ecuador i den grova sjön.

Grängesbergsbolaget deltog bara med ett fartyg i lejdfarten; m/s Murjek, som sänktes med man och allt vid Färöarna den 28 februari 1941. 31 man omkom, däribland åtta skeppsbrutna från ett annat krigsförlist fartyg som nu skulle få resa hem ombord i Murjek. Gränges drabbades hårt av kriget. Utöver Murjek gick ett dussintal fartyg förlorade. På tre av dem krävdes människoliv: Svartön 1940 (20 man), Luleå 1942 (åtta man) och Abisko 1943 (en man).

I Röda Korsets tjänst

Ett med lejdtrafiken besläktat inslag i krigsårens svenska sjöfart var de humanitära insatserna i Röda Korsets tjänst. Grekland hade ockuperats av axelmakterna. Landet var försatt i kaos och grekerna svalt. Röda Korset tog kontakt med svenska rederier om att ställa fartyg till förfogande för matleveranser. Först ut var Transatlantics m/s Hallaren, som i mars 1941 levererade 5 000 ton vete som hade lastats i Lissabon.

En Transatlantic-källa ger exempel på en typisk fartygslast från Sverige till Grekland vid denna tid: 24 000 tunnor sill, 141 ton äppelmos och 18 Volvobilar.

I fortsättningen var det vanligtvis kanadensiska hamnar som anlöptes för spannmålslaster till Grekland. De deltagande svenska fartygen och deras besättningar räddade bokstavligen livet på hundratusentals greker men utsattes själva för mycket stora faror runt det krigshärjade Medelhavet. Deras neutrala status och påmålade rödakors- och nationalitetsmarkeringar var ingen som helst trygghetsgaranti.

Sommaren 1942 stävade s/s Stureborg, tillhörande ett landskronarederi med samma namn, mot Haifa för att lasta vete till Greklands svältande folk. Syd om Cypern torpederades hon av italienskt flyg och sjönk på mindre än en minut. Halva besättningen omkom omedelbart medan tio man lyckades ta sig upp på den osurrade räddningsflotte som vid denna tid var föreskriven på alla svenska fartyg. På flotten fanns en mycket begränsad mängd färskvatten och proviant och inget som helst skydd mot Levantens brännande sol. En efter en föll de ifrån av brännskador, törst och hunger. När flotten äntligen nådde land efter 18 dygn var endast en av Stureborgs 20-mannabesättning kvar i livet.

Andra svenska rödakorsfartyg som förliste till följd av kriget var Broströms Eros samt Sveas Embla och Fenja, dock utan att några människoliv krävdes. Svenska Lloyds m/s Camelia minsprängdes i Salonikis hamn och fick svåra skador men lyckades hålla sig flytande. Sveas m/s Wiril sänktes inte heller, men hon blev fullständigt utbränd till följd av ett brittiskt flyganfall då hon låg på ön Chios. Två av de ombordvarande omkom.

De livgivande matleveranserna med svenska fartyg etsade sig fast i grekernas kollektiva minne. Men inte enbart i deras. Hos Nederländernas mot krigsslutet svårt svältande befolkning blev Zweeds wittebrood, svenskt vetebröd, ett begrepp. I slutet av januari 1945 ankom gamla s/s Noreg, som tillhörde ett göteborgsrederi med samma namn, och Ångfartygs AB Adolfs s/s Dagmar Bratt på Röda Korsets uppdrag till landets nordligaste hamn Delfzijl. Där lossades 3 700 ton livsmedel, framför allt mjöl i säckar samt margarin från Pellerins i Göteborg, men även salt sill i tunnor från Bohuslän och andra matvaror. En månad senare ankom Transatlantics m/s Hallaren till Delfzijl, lastad med drygt 4 000 ton livsmedel. Lasten läktrades över i pråmar, som längs landets kanalnät nådde de mest utsatta människorna i sydvästra Nederländerna.

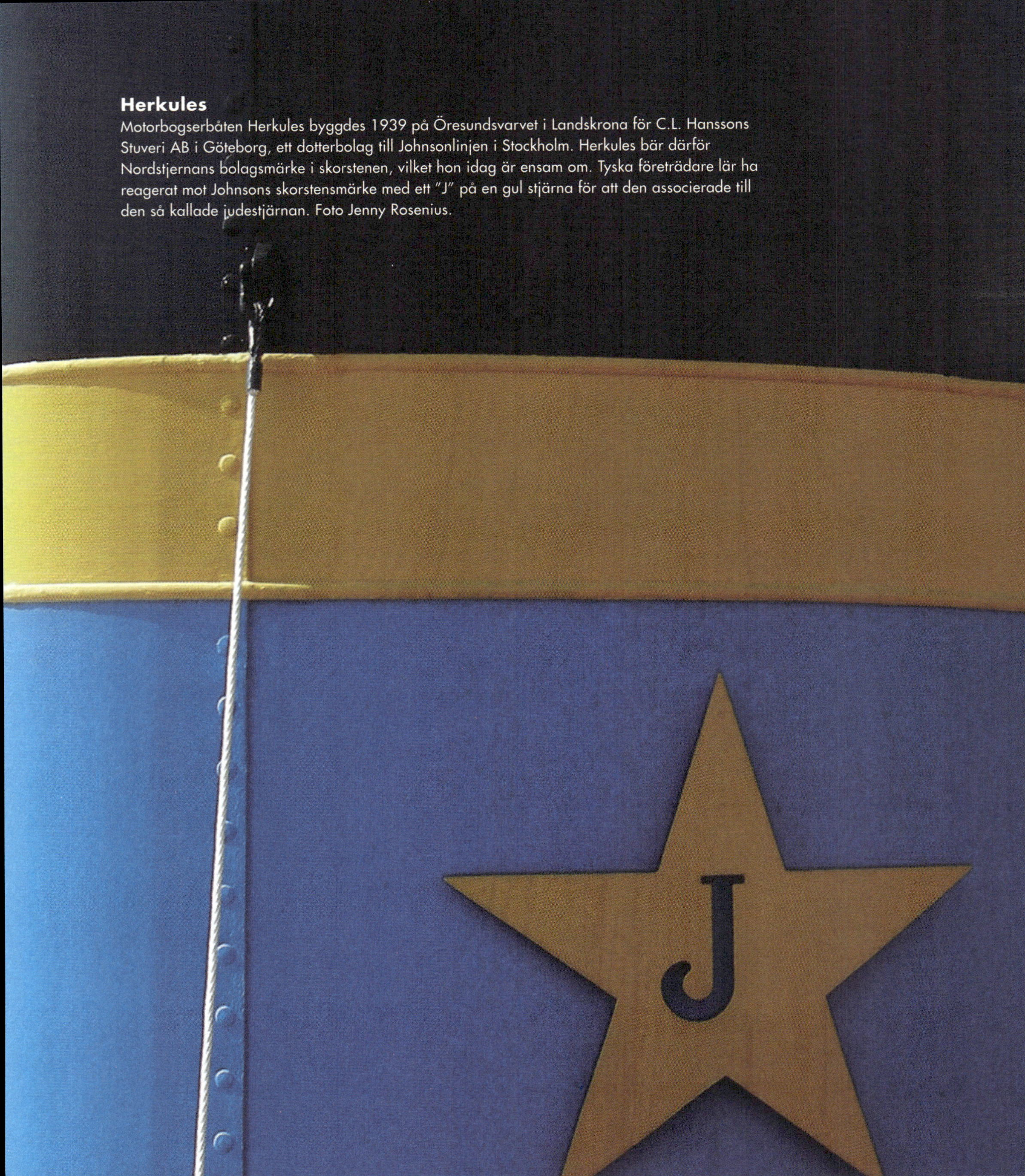

Herkules

Motorbogserbåten Herkules byggdes 1939 på Öresundsvarvet i Landskrona för C.L. Hanssons Stuveri AB i Göteborg, ett dotterbolag till Johnsonlinjen i Stockholm. Herkules bär därför Nordstjernans bolagsmärke i skorstenen, vilket hon idag är ensam om. Tyska företrädare lär ha reagerat mot Johnsons skorstensmärke med ett "J" på en gul stjärna för att den associerade till den så kallade judestjärnan. Foto Jenny Rosenius.

Het Zweedse wittebrood bakades på plats – det är en myt att de svenska fartygen ankom med färdigbakade brödlimpor. Alla tre fartygen gjorde ytterligare en resa var med livsmedel i rummen.

Fler svenska fartyg deltog i trafiken. Just vid den tyska kapitulationen den 7 maj gick m/s Gotland med kanadensiskt vete från Aberdeen till Rotterdam, dit hon ankom som det allra första rödakorsfartyget efter krigsslutet.

Minnet lever i Nederländerna, inte minst bland söner och döttrar till alla dem som bokstavligen räddades till livet genom den svenska hjälpinsatsen. Befrielsedagen den 4 maj uppmärksammas även som det svenska vetebrödets dag.

På samma sätt lever minnet av svenska s/s Vega på Kanalöarna, det enda brittiska territorium som Tyskland lyckades ockupera under kriget. Hon gjorde sex biståndsresor i Röda Korsets tjänst för att undsätta den svårt svältande befolkningen på Jersey, Guernsey, Alderney och Sark. Den första inleddes då hon lämnade Lissabon den 17 december 1944. 25 år efter krigsslutet hedrades det svenska fartyget med ett frimärke, utgivet av ön Jersey. Ett flertal böcker har skrivits om hjälpinsatsen.

I Göteborg finns ett litet men livaktigt arv efter lejd- och rödakorssjöfarten. Just i den trafiken har sällskapet Göta Älvklubben sina rötter.

Transatlantics Gunnar Carlsson var något av en inofficiell sjöfartsminister, men formellt var den UD närstående Sjöfartskommissionen politiskt ansvarig för trafiken. De sjöfartsjournalister som bevakade den för nationen livsviktiga verksamheten var legitimerade av UD och underställda kommissionens censor, en rederitjänsteman som hade lånats in från Svenska Lloyd. Relationerna dem emellan kom att präglas av ett ömsesidigt förtroende.

Under sin jungfruresa våren 1944 anlöpte Rederi-Sveas nybygge m/s Fenja Sannegårdshamnen. Ombord fanns några besökande redaktörer, förmodligen i samspråk med delar av besättningen. Samtalet kom in på lejdskepparnas och kontrollofficerarnas exklusiva sällskap, den sedermera avsomnade Atlantklubben. De korsade Atlanten, medan sjöfartsjournalisterna fick nöja sig med att korsa Göta Älv. Tanken väcktes att man skulle bilda ett eget sällskap, med namn efter Göteborgs livsnerv. Göta Älvklubben föddes som ett kvalificerat forum där pressfolk, sjöfolk och shippingfolk kunde mötas för att dryfta sjöfartsfrågor. m/s Fenja minsprängdes och sjönk i den östgrekiska arkipelagen redan i juni 1944, men hennes telning Göta Älvklubben lever och har hälsan 65 år senare.

Tankfartyg till krigsinsatsen

Nordstjernan hade sammanlagt 18 fartyg i lejdfarten; alltifrån Ecuador, Nordstjernan och Uruguay med tio lejdresor vardera till andra fartyg med endast någon enstaka resa. Enligt obekräftade uppgifter krävde tyskarna att i gengäld få chartra ett av rederiets tankfartyg. Den i själ och hjärta brittisksinnade Axel Ax:son Johnson sägs motvilligt ha gått med på det. Om det finns en sanningshalt i berättelsen skulle det kunna röra sig om Oceanus, Sinus eller Uranus, som alla hade lagts upp efter leveranserna från svenska varv 1940–42. Tyska företrädare lär emellertid ha reagerat mot skorstensmärkets gula stjärna med ett ”J” i (visserligen femuddig men vid denna tid ändå associerande till den ”judestjärna” som alla ännu ej avrättade judar tvingades bära i tyskbehärskade områden) och krävde att rederiet skulle måla över den. Johnson vägrade. Det blev ingen charter.

Till krigets bistra verklighet hörde att svenska rederier tvingades ställa tankfartyg till förfogande för att fylla den nazityska krigsinsatsens bränslebehov. Ett av fartygen var m/t Svea Reuter. Hon sjösattes 1940 som Wallenius' Soya VI men överläts 1943 till göteborgsfamiljen Reuter, som samma år chartrade ut henne till Kriegsmarine. Den 1 september avgick hon i ballast från det tyskockuperade Riga, men den rådande tjockan fick henne att ankra vid Domesnäs, Kurlands nordspets vid inloppet till Rigabukten. Dagen därpå angreps hon av sovjetiskt flyg. En torped träffade fartygets babordssida i höjd med maskinrummet.

Av fem man som saknades återfanns en död, motorman Erik Johannes Holmberg. Ytterligare en besättningsmedlem, maskinist Carl Magnus Carlsson, avled av sina skador. Deras stoft vilar under vita gravstenar på Zviedru kapi, Svenska gravplatsen, som ingår i Skogskyrkogården i Rigas norra utkanter. Det svårt

GÖTA ÄLVKLUBBEN

1944 $\frac{24}{4}$ 2004

skadade fartyget bogserades tillbaka till Riga och så småningom över till Finnboda Varv. Hon reparerades och fortsatte segla under svensk flagg ända till 1973.

Nordstjernan förlorade många fartyg under kriget, däribland en tanker. Men i det fallet rörde det sig om ett fartyg i allierad tjänst. Den 20 december 1940, bara ett år efter leveransen från Öresundsvarvet, torpederades m/t Janus långt ute på Nordatlanten. Hon ingick i en östgående konvoj från Halifax då en flock tyska ubåtar angrep. Trots att det sjunkande fartyget snabbt överhöljdes av brinnande olja var det endast fyra besättningsmän som omkom. De övriga 33 lyckades rädda sig i livbåtarna. Samma dygn bärgades de av ett brittiskt örlogsfartyg, som förde dem till skotsk hamn.

Litteraturhistorisk fotnot

Under kriget råkade Nordstjernan även bli en litteraturhistorisk fotnot...

Efter nazismens maktövertagande i Tyskland flydde den radikale tyske dramatikern Bertolt Brecht från land till land; Österrike, Schweiz, Danmark och Sverige. 1941 tog han sig över till Finland. Där skrev han:

> Ur högtalaren hör jag
> packets segerrapporter.
> Nyfiket betraktar jag världsdelsskartan.
> Högst upp i Lappland
> ut mot Norra Ishavet
> ser jag en liten dörr.

Bakdörren han syftade på var den finska ishavshamnen Petsamo (dagens ryska Petjenga). Där hoppades han kunna ta sig ut till den hägrande friheten i USA. Men dörren visade sig vara stängd för Brecht. I stället fick han ta sig den långa vägen till den sovjetiska stillahavshamnen Vladivostok. Där fick han skeppslägenhet ombord i m/s Annie Johnson, som var byggd 1925 och hade gott om plats för passagerare.

Resan till det trygga Californien anträddes den 13 juni 1941 och gick via ett Manila som ännu upplevde lugnet före den stora japanska stormen. Det har berättats att Brecht hade en angenäm tid ombord med god mat som intogs i fartygets salong tillsammans med befälhavaren (och förmodligen även andra passagerare). Den 21 juli ankom Annie Johnson till San Pedro, nästgårds till exil-dramatikerns yrkesmässiga destination Hollywood.

Dit kom aldrig Brechts norske kollega, författaren och dramatikern Nordahl Grieg. Den bergensiske ex-sjömannen Grieg flydde inte. Efter den tyska ockupationsarméns inmarsch i Norge våren 1940 anslöt han sig till motståndet och kom att ingå i den specialstyrka som räddade ombord den norska guldreserven på tillskyndande brittiska örlogsfartyg.

Nordahl Griegs alltför tidiga död, endast 41 år gammal, var stilenlig. Den 2 december 1943 deltog han som krigskorrespondent i en brittisk flygräd över Berlin. Efter att planet hade släppt sin bomblast träffades det av luftvärnseld och störtade i Berlins utkanter. Ingen ombord överlevde men Griegs verk lever. Hans roman Skeppet går vidare (översatt till svenska 1925) räknas till sjölitteraturens klassiker.

Jagarkrisen

Sommaren 1940 uppkom en akut kris i relationerna mellan Sverige och Storbritannien. Efter krigsutbrottet hade Sverige sökt med ljus och lykta efter vägar att snabbt förstärka neutralitetsvakten. Möjligheter öppnade sig i Benito Mussolinis fascistiska Italien, som ännu ej deltog i kriget. En utsänd svensk kommission lyckades bland annat köpa fyra jagare; två äldre som nu döptes om till Psilander och Puke samt två yngre men avsevärt mindre som fick namnen Romulus och Remus. Dessutom köptes fyra torpedbåtar, som utan incidenter fraktades till Sverige ombord i Svenska Orient Liniens m/s Boreland i mars 1940.

Desto mer dramatisk blev jagarnas hemfärd till sitt nya flaggland, tillsammans med Svenska Lloyd's passagerarångare Patricia och Trelleborgs Ångfartygs AB:s tanker Castor som inchartrade hjälp- och depåfartyg. Den 20 juni uppbringades de vid Färöarna av en brittisk flottstyrka. Inför hotet om att de annars skulle sänkas med vapenmakt valde den svenske expeditionschefen, kommen-

dörkapten Torsten Hagman, att stryka flagg och överlämna jagarna till britterna.

Beslutet var inte oomtvistat. Bland hetsporrar i den svenska marin- och försvarsledningen, som vid denna tid ej brukade förknippas med några pro-brittiska sympatier, luftades indignation över att agerandet hade besudlat Sveriges ära. Andra bedömare kunde se skrämmande perspektiv öppna sig för nationen om de svenska jagarna hade satt sig till motvärn. Efter två veckor frisläpptes de dock.

Under sin återupptagna hemresa utsattes expeditionens fartyg för brittisk flygbombning, varvid m/t Castor var nära att träffas. Enligt en senare brittisk ursäkt hade attacken skett av misstag. Efter nazitysk inspektion i Kristiansand Syd kunde jagarna den 10 juli 1940 löpa in på Nya Varvet i Göteborg.

En annan kris i relationerna till de allierade var mer utdragen. Sedan Tyskland hade invaderat Norge låg ett antal norska fartyg i Göteborg, där de som ett led i Sveriges ömtåliga balansgång hade belagts med kvarstad. I början av 1941 lyckades sex av dem slinka ut och ta sig till brittisk hamn. De allierade

Psilander
Efter krigsutbrottet hade Sverige sökt med ljus och lykta efter vägar att snabbt förstärka neutralitetsvakten. Möjligheter öppnade sig i Benito Mussolinis fascistiska Italien, som ännu ej deltog i kriget. En utsänd svensk kommission lyckades bland annat köpa fyra jagare varav HMS Psilander var en. Fartygen uppbringades av britterna under hemresan. Fotograf okänd / SMMs arkiv.

ville ha ut de övriga också, samtidigt som tyskarna hotade med att stoppa lejdtrafiken om så tilläts ske. Ändå upphävdes kvarstaden. Den 31 mars 1942 eskorterades tio norska fartyg ut på internationellt vatten. Där lurpassade Kriegsmarine, som genast sänkte tre av dem. Ytterligare tre sänktes av sina egna besättningar för att undvika att de hamnade i tyskarnas händer (ett av dem var det som oljeläckande miljöhot ökända fartyget Skytteren, som ligger på havets botten väst om Måseskär). Endast två fartyg lyckades ta sig igenom Skagerrakspärren och över till Storbritannien. Två fartyg återvände till Göteborg, där de blev liggande tills kriget var över. 16 sjömän dog under operationen. 160 tillfångatogs och förpassades till koncentrationsläger, där många av dem dog.

Tidstypiska öden

Redan den 7 september 1939, under krigets första vecka, hade kockumsbygget Castor blivit det första svenska fartyg som räddade en krigsförlist besättning.

Det skedde i Biscaya, sedan tyska U 47 just hade sänkt brittiska s/s Gartavon. Efter några dagar kunde m/t Castors besättning släppa iland sina brittiska sjöbröder på neutrala Azorerna.

Några veckor därefter lyckades just U 47 med en djärv aktion som fått henne inskriven i sjökrigets historia. Hon smög med springfloden in genom Lamb Sound till örlogsbasen Scapa Flow på Orkney och sänkte HMS Royal Oak, varvid flertalet av de 883 ombordvarande följde slagskeppet i djupet. Ett minnesmärke över krisförlisningen finns i den ståtliga S:t Magnuskatedralen i huvudorten Kirkwall.

Ytterligare ett fartygsoffer på U 47-ans digra meritlista är Svenska Amerika-Mexico Liniens m/s Rydboholm, som sänktes på Nordatlanten den 25 februari 1941. I det fallet krävdes inga dödsoffer. Totalt sänkte U 47 sammanlagt 30 fartyg på 165 000 ton innan hon själv försvann för gott i havets djup i mars 1941, förmodligen träffad av en brittisk sjunkbomb.

Just vid den tiden skulle vår Castor möta sitt tidstypiska öde. USA deltog ännu inte i kriget, och fartyget var godkänt av de krigförande för lejdresa till Port Arthur, Texas. Den 12 mars 1941 avgick hon därifrån, fullastad med eldfängda petroleumprodukter som det svenska försvaret var i skriande behov av. För säkerhets skull hade hon fått sina nationalitetsbeteckningar nymålade på fartygssidorna inför avgången. Men på förmiddagen den 31 mars mötte hon mitt ute på Nordatlanten tyska U 46 (vars fartygschef Engelbert Endrass hade varit sekond på U 47 under Scapa Flow-räden). Det räckte med en torped för att göra slut på Castor, som snart var ett brinnande inferno. 15 man dog. Av de övriga 21 hade flera svåra brännskador. De rodde i flera dygn och var nära att förfrysa innan nyzeeländska Otaio kunde bärga dem.

Svenska fartyg fick en dominerande roll på sluttampen för U 46-ans del. På listan över hennes sänkta handelsfartyg är sex av de tio sista svenska: Hösten 1940 Rederi AB Sigyns s/s Siljan (nio dödsoffer), Rederi AB Activs Convallaria (inga dödsoffer), Rederi AB Sylvias s/s Gunborg (inga dödsoffer) och den redan omnämnda johnsontankern Janus (fyra dödsoffer), samt på våren 1941 Svenska Lloyds s/s Liguria (15 dödsoffer), två dagar innan Castor expedierades.

Stureholm-folkets bragd

År 2000 nådde ett gripande brev Näringsdepartementet. Avsändare var David Mordaunt i Grimsby, vars far räddades av svenska Stureholms besättning under slaget om Nordatlanten 1940. Dramat anses vara ett enastående exempel på hjältemod från den svenska besättningens sida.

I november 1940 ingick Svenska Amerika-Mexico Liniens m/s Stureholm bland 37 lastfartyg i den ostgående allierade konvojen HX84. De skyddades av den brittiska hjälpkryssaren Jervis Bay, som gjorde tappert motstånd när det nazityska slagskeppet Admiral Scheer dök upp och gick till attack. Konvojen kunde därigenom skingras och – sånär som på fem fartyg – undkomma, samtidigt som Jervis Bay bombarderades sönder och samman. Till sist måste de som var kvar i livet överge fartyget. Stureholm bröt mot konvojinstruktionerna genom att stanna för att undsätta de skeppsbrutna, ett arbete som pågick natten igenom i hårt väder och grov sjö. Sammanlagt räddades 68 man från Jervis Bay.

– Utan Stureholm hade ingen ur besättningen överlevt, och jag för min del skulle aldrig ha sett dagens ljus! skrev Mordaunt.

– När min far dog för en tid sedan och jag fördjupade mig i dramat, konstaterade jag till min sorg att Stureholm bara en månad senare sänktes med man och allt av ubåten U 96. Jag bestämde mig för att försöka få kontakt med efterlevande till besättningen, för att framföra mitt tack och mina hälsningar…

Men innan Stureholm sänktes hade hon återvänt till Halifax, där större delen av besättningen mönstrade av. De ersattes i stor utsträckning av icke-svenskar, däribland flera av de britter som hade räddats från Jervis Bay.

Kontakt förmedlades mellan Mordaunt och Hilding Tiderman i Farsta, som då var den siste kvarlevande av de svenska hjältarna från m/s Stureholm.

Hösten 1940 höll statsminister Per Albin Hansson ett radiotal till nationen, där han starkt betonade sjöfartens roll för folkförsörjningen:

Det svenska folket har förvisso med varm känsla tänkt på vårt sjöfolk och dess vackra pliktuppfyllelse under de hårda och farofyllda förhållandena under det sistförflutna året. Det är mig en kär plikt, att uttala fosterlandets tack och beundran för sjöfolkets uppoffrande insatser under denna tid. För dem, som därvid låtit sina liv, böja vi våra huvuden i vördnad.

Dessvärre skulle inte den inställningen vara en bestående ledstjärna. Snart omyndigförklarades sjömännen och förmenades rätten att fritt förfoga över sina egna inkomster. När de kom hem, ofta med fysiska och psykiska men av det de varit med om, var det inga blommor, orkestrar och hyllningstal som väntade. Där stod länsman för att förpassa dem till militärtjänst i Karlskrona. Där stod kronofogden och inkrävde obetalda skatter av dem som kriget hade stängt ute från hemlandet. De skönstaxerades och fann sina krigsriskkonton tömda av myndigheterna.

Betecknande är det som väntade en luggsliten skara överlevande svenska sjömän från Svenska Ostasiatiska Kompaniets m/s Ningpo. När världskriget nådde Ostasien i december 1941 låg fartyget i Hongkong, dit hon hade bogserats efter att ha minsprängts på Singapores redd. Besättningen på 30 man hamnade i det japanskockuperade Shanghai, där de satt fast kriget ut. Sex av dem dog. När de övriga i början av januari 1946 äntligen kunde kliva iland i Malmö efter fem långa års påtvingad bortovaro välkomnades de av polisen, som låste in dem och förvägrade dem att ta telefonkontakt med sina nära och kära.

Krigets facit var fasansfullt, även för det neutrala Sverige. Omkring 1400 besättningsmedlemmar på svenska fartyg hade omkommit. Därtill kommer flera hundra svenska sjömän som omkom under sjötjänst på allierade fartyg. En vanlig bedömning är att sammanlagt omkring 2 000 svenska sjömän omkom till följd av kriget.

Mer än 200 svenska fartyg gick förlorade. Ett av dem var s/s Bengt Sture av Trelleborg, som försvann i södra Östersjön i slutet av oktober 1942. Hon var då under gång mellan Danzig och Oxelösund med kol i lasten. Långt senare avslöjade ryska arkiv att ubåten SC406 hade sänkt fartyget. Besättningen på 15 man hördes aldrig av, men sex, sju eller åtta av dem lär ha förts till den sovjetiska örlogsbasen Kronstadt i Finska Viken som "krigsfångar". Där upphör spåren efter dem.

Den enskilda svenska krigsförlisning som krävde flest människoliv inträffade då Gotlandsbolagets s/s Hansa torpederades av vad som med all sannolikhet

Det svenska folket har förvisso med varm känsla tänkt på vårt sjöfolk och dess vackra pliktuppfyllelse under de hårda och farofyllda förhållandena under det sistförflutna året. Det är mig en kär plikt, att uttala fosterlandets tack och beundran för sjöfolkets uppoffrande insatser under denna tid. För dem, som därvid låtit sina liv, böja vi våra huvuden i vördnad.

Per Albin Hansson, 1940. Foto K W Gullers, Stockholm 1940. ©Nordiska museet.

Bengt Sture s/s Bengt Sture av Trelleborg försvann med 15 man i södra Östersjön i slutet av oktober 1942. Foto Hansen/Pedersen / SMMs arkiv.

Stureholm Besättningen på Stureholm bröt mot konvojreglerna och räddade 68 man från den sönderbombarderade brittiska hjälpkryssaren Jervis Bay. Fotograf okänd / SMMs arkiv.

var en sovjetisk ubåt. Tragedin ägde rum på morgonen den 24 november 1944, halvannan timme före beräknad ankomst till Visby. Fartyget klövs i två delar och sjönk snabbt. 84 personer omkom. Endast två lyckades rädda sig upp på en livflotte, en styrman och en passagerare.

Senkommen upprättelse

Sverige glömde snart sina krigsdeltagare, och det skulle dröja ett halvsekel innan nationen hedrade dem efter förtjänst. Däremot har många kustsamhällen egna minnesmärken över sina i kriget till sjöss fallna söner och döttrar, och även sjömanskyrkor längs kusten har bidragit till att hålla minnet av dem vid liv. Utanför sjömännens egen krets var journalisten Terje Fredh i Lysekil länge en ensam ropande röst, vars småskrifter om kriget till sjöss var de droppar som till sist urholkade stenen. 20 år efter att hans första skrift kom ut 1975 började saker hända. Krigssjömännens sak uppmärksammades vid ett möte i Uddevalla hösten 1995. Mötet avslutades med att kransar från Redareföreningen, sjömännens fackföreningar och andra maritima organisationer lades ned vid Sjöfartsmonumentet i stadens inre hamn.

Kommunikationsminister Ines Uusmann hörde av sig och beklagade att hon inte kunde närvara, samtidigt som hon uttryckte en önskan att få träffa företrädare för krigssjömännen. Det mötet ägde rum på Vasamuseet i Stockholm den 7 mars 1996, ett datum som samtidigt var startskottet för processen att hedra dem. Det skulle ske på tre vägar. Ett upprop skulle göras för att få kontakt med så många kvarlevande krigsseglare som någonsin möjligt. Alla skulle få en personlig minneshandling. Ett minnesmärke skulle resas över dem och alla deras redan avlidna sjöbröder. Uppdraget gick till Sjöfartsverket, Handelsflottans kultur- och fritidsråd (som sedan 2007 ingår i verket) och Stiftelsen Sveriges Sjömanshus. En arbetsgrupp med Sjöfartsverkets dåvarande generaldirektör, gamle sjömannen och sjöfolksbasen Anders Lindström vid rodret trädde snabbt i funktion. Till den sällade sig sjöfartens övriga organisationer. På 18 månader lyckades gruppen ro det i hamn som hade försummats i ett halvt sekel.

Den 6 september 1997 invigde ministern konstnären Lars Kleens minnesmärke på Stenpiren i Göteborg. Totalt ledde uppropet och ett tidsödande detektivarbete till att kontakt kunde upprättas med 2 780 krigsseglare. Omkring 900 av dem kunde närvara på Stenpiren och vid en efterföljande måltid, då också minneshandlingen – boken KRIGSSEGLARE med mottagarens namn på framsidan och med förord av statsminister Göran Persson – delades ut (och postades till dem som inte kunde närvara). Gripande scener utspelade sig då gamla skeppskamrater som efter torpederingar hade flutit omkring i samma livbåt återförenades ett halvt sekel senare. För de grånande gamla sjömännen var det en upprättelse, om än en senkommen sådan.

Hansa av Visby

Gotlandsbolagets s/s Hansa av Visby torpederades av vad som med all sannolikhet var en sovjetisk ubåt. 84 man omkom. Foto Georg Gjersoes samling / SMMs arkiv.

Lars Kleens minnesmärke på Stenpiren i Göteborg hedrar sjömanskåren under andra världskriget. Foto Torbjörn Dalnäs.

Men låt oss förflytta oss från Stenpiren till ett svenskt fartyg en kolmörk natt någon gång i början av 1970-talet. Den åldrande befälhavaren kan inte sova. Han tittar upp på bryggan, dit även telegrafisten har sökt sig. Där står de i hundvaktens mörker, medan fartyget lugnt stävar vidare i rum sjö och tystnaden endast bryts av maskineriets rytmiska dunkande och vindens vin. Just den situationen är ägnad att lösa tungans band, även i djupt personliga angelägenheter. Kapten börjar berätta minnen från kriget, som han hade upplevt som ung sjöman 30 år tidigare. Han berättar om rädslan för minor och andra ständiga hot. Men det som får hans lågmälda röst att brista av sinnesrörelse är något annat. I en av Nazi-Tyskland behärskad östersjöhamn hade en flykting, sannolikt en jude, lyckats ta sig ombord och gömma sig. Personen påträffades just före avgång. Av hänsyn till fartygets och besättningens säkerhet överlämnades han till myndigheterna, med ett självskrivet oblitt öde utstakat för sig. Vår kapten hade ingen personlig del i beslutet men minnet av händelsen plågade ändå den gamle mannen under sömnlösa nätter.

Ett annat plågsamt minne bar den gamle, svårt cancersjuke eldaren Folke Persson på när krigsseglararbetsgruppen kom i kontakt med honom 1996. I krigets slutskede var han mönstrad på s/s Drottningholm, som var chartrad av Röda Korset för fångutväxlingstrafik. Vad som kallades ”inemot 500 turkiska medborgare” skulle medfölja fartyget till Istanbul för att utväxlas mot tyska diplomater. ”De var judar från pinolägren, inga turkar!”, hävdade Folke mycket bestämt. Många var i mycket dåligt skick när de fördes ombord direkt från nyanlända järnvägsvagnar på kajen i Göteborg.

Tre av Sveriges många minnen av omkomna sjömän under andra världskriget. I Malmös yttre hamn, på Mariebergskyrkogården i Göteborg och på Djurgården i Stockholm. Foto Torbjörn Dalnäs.

Judarna behandlades väl ombord, men vid ankomst Istanbul förvägrades de att debarkera. I stället förpassades den svårt medtagna gruppen till en eländig tillvaro på öppna pråmar, som hade förtöjts längs Drottningholms sjösida. En morgon var pråmarna och deras mänskliga last borta. Sedan dess hade Folke plågats av ovissheten om judarnas öde.

Kontakt togs med Judiska Församlingen i Göteborg, som sände frågan vidare till Israel. Svar kom, som samtidigt var en bekräftelse på Folkes berättelse. Det hade verkligen rört sig om överlevande judar från koncentrationslägren Bergen-Belsen och Ravensbrück. Från Turkiet hade de lyckats ta sig till det då brittiskstyrda mandatområdet Palestina! När Folke fick veta detta fick han frid i själen. Strax därefter tog cancern ut sin rätt och han seglade in i den sista hamnen.

6

Med kurs mot ökad välfärd

Uttrycket välfärd kommer av att fara väl; exempelvis fara tryggt på havet. Således raka motsatsen till det tiotusentals svenska sjömän upplevde under andra världskriget. De for illa, och samhällets uteblivna tack till dem blev en tagg i den kollektiva sjömanssjälen.

Sjöfartshotellet i Oskarshamn. Foto Torbjörn Dalnäs.

6 Med kurs mot ökad välfärd

Kriget var över men inte de katastrofer som ändå kan drabba sjöfarten, ofta beroende på brister i sjösäkerheten. I nyhetsfloden passerade flera spektakulära sådana.

På morgonen den 12 januari 1950 kolliderade Rederi AB Dianas isförstärkta tankfartyg Divina med den brittiska ubåten HMS Truculent på Themsen. 64 man på ubåten omkom. Vid en sjöförklaring lades tre fjärdedelar av skuldbördan på Truculent och en fjärdedel på Divina.

På påskaftonen den 4 april 1953 kolliderade Svenska Orient Liniens m/s Naboland med den turkiska ubåten Dumlupinar i Dardanellerna, sundet mellan Marmarasjön och Egeiska havet. Ubåten sjönk. Fem man överlevde men minst 81 personer följde Dumlupinar i djupet. Siffran är oklar, eftersom det har spekulerats om icke-auktoriserad extrapersonal ombord på ubåten. Nabolands befälhavare, den i båda världskrigen befarne Oscar Lorentzon, utsattes för en veritabel hetsjakt och fick sitta i fängelse i ett halvår. Det gick emellertid inte att leda i bevis att det svenska fartyget bar skuld till olyckan. Naboland hölls ändå i kvarstad ända till i december 1954, då hon äntligen kunde stäva hemåt.

Den 9 januari 1954 avgick det 60 år gamla ångfartyget Nedjan av Simrishamn från Norrsundet utanför Gävle, lastad med trävaror. Sjön var grov och nordnordvästvinden ökade på några timmar från styv kuling till svår storm. Överbrytande sjö förorsakade isbildning. I den situationen drabbades fartyget av roderhaveri, men via radio avböjde befälhavaren ändå bogserassistans. Någon gång efter midnatt försvann hon från Bottenhavets stormpiskade yta, uppenbarligen förlist med man och allt. Endast två kroppar kunde bärgas. Övriga 15 besättningsmedlemmar följde henne i djupet. Bland kringflytande vrakgods fanns sju frälsarkransar, märkta Nedjan. En av dem finns på Sjömanskyrkan i Stockholm, som minne av katastrofen.

På kvällen den 25 juli 1956 kolliderade Svenska Amerika Liniens m/s Stockholm och s/s Andrea Doria, sedan den italienska atlantångaren hade gjort några fatala felmanövrar. Nästa dags morgon sjönk Andrea Doria. De allra flesta ombord räddades men olyckan krävde 51 dödsoffer, varav fem på det svenska fartyget.

En rad andra tragedier har kopplats ihop med efterkrigsårens kalla krig mellan öst och väst. Det började med fiskebåten Hoppet av Hasslö, som den 16 februari 1946 löpte ut för fiske i södra Östersjön. Hon och hennes besättning på tre man hördes aldrig mer av. Detsamma gällde motorseglaren Svan av Skärhamn, som försvann spårlöst i södra Östersjön den 9 september 1946. Här ryktades det emellertid om att hon hade uppbringats av den sovjetiska marinen och förts till någon öststatshamn, där de tre besättningsmännen kastades i fängelse. s/s Sten Sture lämnade Gdynia den 26 januari 1947. Hon försvann, men efter en tid påträffades vrakdelar som kunde härledas till fartyget. En sjöförklaring ledde till slutsatsen att hon hade gått på en mina nordost om Bornholm och förlist med man och allt. Besättningen var på 18 eller 19 man. I det stämningsläge som rådde låg det nära till hands med teorier om att Sten Sture i stället hade bordats av någon öststatsenhet, som förde bort besättningen och sänkte fartyget.

Den 18 februari 1948 stävade motorseglaren Kinnekulle och s/s Iwan ut från den polska hamnen Ustka, som tidigare kallades Stolpmünde. Två dagar senare påträffades Kinnekulle drivande herrelöst utanför Själlands sydöstra kust. Livbåten var kvar ombord och ärtsoppan stod serverad, men av sjumannabe-

Liljevalch

Byssan på s/s C.F. Liljevalch, 1920. Fotograf okänd / SMMs arkiv.

sättningen fanns inte ett spår. Iwan och hennes besättning på elva man försvann för gott, men enstaka vrakdelar lär ha påträffats. Den brittiska utrikesunderrättelsetjänsten MI6 påstås ha tipsat den svenska försvarsstaben om att Iwans besättning skulle ha internerats i Gdańsk.

Kinnekulle och Iwan är de mest spektakulära exemplen. Men många fler ouppklarade händelser med svenska fartyg inblandade skulle inträffa på Östersjön under de närmast följande åren. Om det finns någon sanning i teorierna om att besättningarna förts till fångläger bakom järnridån är den allra största gåtan att ingenting om det har kommit fram sedan järnridån föll.

Framsteg och optimism

Snart präglades efterkrigsperioden ändå av framsteg och optimism, även till sjöss. Skördetid stundade på en rad områden.

Redan 1929 hade en udda liten skrift givits ut; Laura Petris I främmande hamn. Där gav författarinnan uttryck för idéer som hade väckts av hennes bror, generalkonsul Harald Petri i Antwerpen. Denne ville ”skydda” sjömännen från lastbarhet i land genom en förmyndarlag. Tanken var att de endast skulle få ta ut en del av sin hyra.

Ex-sjömannen och författaren Harry Martinson hörde till dem som reagerade, med en god dos ironi:

Man har talat om vårt nöjesliv i Antwerpen. Vi skulle ha uppfört oss oanständigt där menar man. Varför just Antwerpen? Vi har uppfört oss oanständigt i hundratals städer. Åh. Jag förstår. Vi skulle ha gått kring haven som avhållsamma munkar…

Det kränkande med syskonen Petris opinionsarbete var att stadigvarande, stabila yrkessjömän buntades ihop med tillfällighetsseglande ”boms” i Antwerpens hamnvärld. Å andra sidan hade de även en del poänger. Exempelvis pekade de på sjöfolkets eländiga bostadsförhållanden, både ombord och i hamn. På så vis råkade syskonparet bidra till en seriös debatt om sjöfolkets välfärd. Det gav ringar på vattnet.

Naboland Svenska Orient Liniens Naboland kolliderade med den turkiska ubåten Dumlupinar i Dardanellerna. Ubåten sjönk och minst 81 personer omkom. Foto ur Pedro Svenssons samling / SMMs arkiv.

Nedjan I januari 1954 försvann laståbngfartyget Nedjan av Simrishamn från Bottenhavets stormpiskade yta, uppenbarligen förlist med man och allt. Endast två kroppar kunde bärgas. ©Fotoflite. Ur C G Jacksons samling / SMMs arkiv.

Standarden ombord

Att kalla den tidens bostadsstandard ombord "otidsenlig" vore i flertalet fall en grov underdrift. I äldre fartyg fanns skansen kvar; manskapets trånga, rökiga och ofta fuktkalla kombination av bostad och mäss längst förut, dit den som hade så kallad backstörn fick balansera med mat från byssan midskepps.

Ofta var det si och så med den lekamliga spisen ombord, men andlig spis fanns det ändå tillgång till. Redan 1931 hade Sjömansbiblioteket sjösatts. De tunga, välfyllda boklådorna i finhyvlat och fernissat björkvirke med den påmålade texten SVENSKA SJÖMANSBIBLIOTEKET kom att få en enorm betydelse som sjömanssjälens omistliga proviantförråd. Det illustreras av några brevrader från Transmarins m/t Madeleine 1957:

Vi är nu på resa till Abadan för att hämta olja med vilken vi skall gå till Sverige och Göteborg. Vi har varit ute i över ett år och beräknar att anlända Göteborg omkring den 15 januari 1958. Här ombord har vi haft till låns tre bibliotek och dessa böcker är förklarligt nog lästa flera gånger om. Det skulle vara tacksamt om vi vid ankomsten till Göteborg fick byta ut dessa böcker mot andra…

Brodinrederierna i Stockholm (men med rötter i Gävle) var ett bolag som hade ett mycket gott namn ute i sjömansleden; inte enbart för sina trader på angenäma latituder utan även för att alla som stod länge i båten belönades med en trettonde månadshyra varje år. Brodin, vars mest kända bolag hette Disa och Poseidon, blev efter världskriget dessutom först med att inrätta enmanshytter för alla besättningsmedlemmar; exempelvis i systrarna Itajai och Paranagua, som lämnade Öresundsvarvet i Landskrona 1951. Exemplet spred sig, sakta men säkert. Takten var olika i olika rederier. Tvåmanshytter var länge standard för de flesta i manskapet. Även tre- eller rentav fyramanshytter kunde förekomma.

Ytterligare en revolution skedde något senare, troligen en bit in på 1960-talet. Möjligen var OK (Oljekonsumenternas rederi) först med att införa vaskställ i alla hytter. Walleniusrederiernas fartyg lär också ha tillhört de med ensamhytter, som var utrustade med vaskställ.

Nu var inte steget långt till dusch och toalett i anslutning till hytten. På somliga nybyggda fartyg kunde utrymmet till en början delas mellan två angränsande hytter, men så småningom blev egen dusch och toalett till varje hytt en självklar standard. Boendestandarden i en manskapshytt på vilket modernt svenskt lastfartyg som helst står sig antagligen mycket väl vid en jämförelse med befälhavarhytten på de äldsta torrlastarna!

Under denna revolution i sjömannens boendestandard blev det så småningom naturligt att, utöver mässarna, även rita in dagrum i nybyggda fartygs inredning. Länge än skulle det röra sig om separata revir för befäl och manskap. Snart uppfylldes önskemål om ytterligare förbättringar; exempelvis kylskåp i manskapets mäss och radiomottagare i manskapets dagrum. Specialutrymmen kunde installeras, som mörkrum med framkallningsutrustning för den tidens icke-digitaliserade amatörfotografer. Med tiden började motionslokaler bli vanliga, exempelvis i form av ett utrymme med plats för bordtennisbord. Kanske fanns det en spirande insikt om det som långt senare skulle uttryckas i en slogan: A fit seafarer – a safe ship, ”en sjöman i god form – ett säkert fartyg”.

Det var en tid av trial and error – man prövade sig fram, utöver det som hade stadgats i lagar och avtal. På 1950-talet hade Transatlantics dotterbolag Transoil exempelvis en försöksverksamhet med seglande tandläkare, som ambulerade mellan rederiets fartyg för att snygga till sjömännens tandgarnityr!

Den sociala utvecklingen i stort som smått går att följa i rapporter från Sjöfolksförbundets fartygsklubbar i efterkrigstidens årgångar av Sjömannen. 1949 rapporterades exempelvis från Svenska Amerika Liniens moderna m/s Rydboholm att manskapet hade framfört önskemål om fullständig kojutrustning. Kvar i färskt minne fanns de usla skansarnas kojunderlag av halm, som gick under öknamnet donkey's breakfast (”åsnefrukost”). Befälhavaren ställde sig välvillig och lovade att ta upp saken med rederiet, troligen med positivt resultat.

Boendemiljö kan syfta på olika ting. I fart på värmen var svettraggen ett av sjömannens viktigaste plagg, minns en som 1964 upplevde dygnetrunt-bastun Röda Havet ombord i ostasiataren Sabang. På mässens bord saknades aldrig burken med salttabletter. Den stod i ett litet slingerställ bland flaskor med ketchup, tabascosås och liknande. Syftet med intag av salttabletter var att förebygga värmeslag, även om de lärde i efterhand har tvistat om vitsen med den ordinationen.

Svenska Sjömansbiblioteket sjösattes 1931 och kom att få en stor betydelse för sjöfolkets andliga välfärd. Fotograf okänd.

De elektriska fläktarna i hytter, mässar och dagrum gav endast måttlig lindring. Luftkonditionering var länge en avlägsen utopi i sjömännens boendemiljö. Först på 1970-talet började air condition bli standard i fartygens inredning.

På 1960-talet började kvinnor åter göra inbrytningar i lastfartygens kompakt manliga värld, till en början främst inom intendenturavdelningen och som telegrafister. Under 1900-talets första decennier var det relativt vanligt att lastfartyg hade en matlagande "trissa" (restauratris). Men kvinnliga sjöfarare motarbetades av både fackföreningsmän och riksdagsmän, åtminstone periodvis.

Långt senare var många konservativa sjömän skeptiska mot kvinnornas återkomst i fartygen. De menade att kvinnor inte passade in i det hårda livet till sjöss. Men utvecklingen gick inte att hejda. I efterhand lär de flesta hålla med om att förändringen ledde till trevligare umgängesformer och ökad trivsel ombord. Fortfarande är kvinnorna en liten minoritet inom sjömanskåren, framför allt på lastfartygen, men numera finns det kvinnor som går hela karriärvägen till befälhavare eller teknisk chef utan att någon höjer på ögonbrynen.

Välfärd i främmande hamn

Under de första decennierna efter kriget var sjömännen fortfarande anställda på det enskilda fartyget, med sju dagars ömsesidig uppsägning. Enligt 1952 års sjömanslag var de berättigade till fri hemresa till Sverige först efter två år ombord. 1963 ändrades det till 18 månader.

Det var vanligt inom många rederier att flera av deras fartyg "gick ute" i åratal. 1961 inledde exempelvis Svenska Orient Linien trafik mellan Australien och Sydamerika, under namnet Boomerang Cargo Line. Fyra fartyg sattes in, däribland krigsbygget Sameland (Eriksberg 1943). Boomeranglinjen höll endast i två år. Men den tiden hade ändå satt sina tydliga spår i besättningens sammansättning. När en yngling klev ombord i Göteborg våren 1964, då fartyget skulle återgå till medelhavsfarten, fann han att en betydande del av skeppskamraterna var australiensare, nyazeeländare och sydamerikaner, som plötsligt hade råkat hamna i fjärran Europafart.

Åtskilliga svenska sjömän stannade kvar i avmönstringshamnar ute i världen, i avvaktan på att ta hyra på något nytt fartyg. Ofta bodde de på något av hamnkvarterens "sjapp". Där fick de, som generalkonsul J. Setterwall i Antwerpen antagligen rätt träffande uttryckte det i en skrivelse 1952, "otillfredställande kost och logi men däremot spritdrycker i riklig mängd". Somliga av dem hamnade i djup misär.

Redan under världskriget hade skandinaviska sjömansförmedlingar inrättats i New York och San Francisco. Direkt efter kriget togs initiativ till en utredning, som bland annat syftade till att motverka arbetslöshet bland svenskt sjöfolk. De båda US-hamnarna samt Antwerpen utnämndes 1951 till officiella så kallade centralhamnar med sjömansförmedling och tillgång till svenskt arbetslöshetsunderstöd. 1955 tillkom centralhamnarna Rotterdam, Marseille, Genua, Sydney och Melbourne, och två år senare även Rouen. I praktiken var det insatserna i Antwerpen, Genua, Rotterdam och New York som kom att få störst betydelse för sjömanskåren.

I dessa och ett flertal andra hamnar fanns även frivilliga svenska eller skandinaviska institutioner som verkade för sjömännen; framför allt sjömanshem som drevs av Föreningen för skandinaviska sjömanshem i utländska hamnar (se Sjöfartens myndigheter och sammanslutningar), samt svenska och nordiska sjömanskyrkor, som utöver den rent religiösa verksamheten även erbjöd sjömännen klubblokaler, transporter och ett utbud av fritidsaktiviteter.

Snart skulle deras insatser kompletteras av en helt ny, mera mångsidig aktör.

1946 års sjömanskommitté, som låg bakom centralhamnsarrangemanget, hade redan våren 1947 lämnat ytterligare ett betänkande till regeringen: Välfärdsanordningar för sjöfolk i hamn. Det ledde till att Handelsflottans Välfärdsråd bildades 1948, med engagerad uppslutning från både redarna, sjömännens fackföreningar och andra branschen närstående intressenter.

På rådets första styrelsemöte den 12 november 1948 handlade dagordningens första punkt om behovet av ett svenskt sjömanshotell i New York. Sommaren 1951 kunde hotellet Swedish Seamen's Center invigas i Brooklyn. Det följdes snart av andra anläggningar. 1953 inrättade Välfärdsrådet och dess norska och

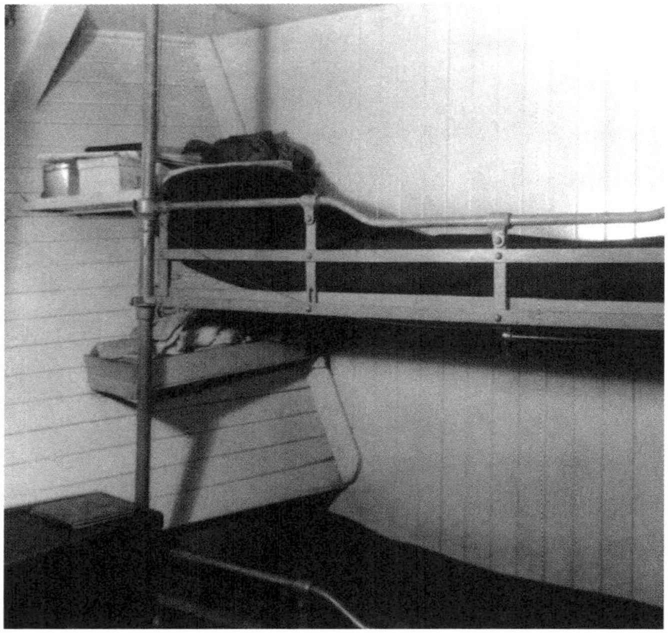

danska systerorganisationer Hotel Scandia, som var ett gemensamt skandinaviskt sjömanshotell i Antwerpen.

Utanför Sydney i Australien tog rådet 1956 över en gammal hönsfarm, som omvandlades till den svenska mönsteranläggningen Boomerang. Inte minst fick Transatlantics sjömän där ett älskat home away from home. Några år senare inrättade de svenska, norska och danska välfärdsråden en gemensam skandinavisk sjömansklubb i Manila på Filippinerna. Handelsflottans Välfärdsråd bedrev verksamhet i flera andra världshamnar, både i egen regi och i samarbete med skandinaviska systerorganisationer eller sjömanskyrkor. Ett kvarlevande exempel är den norska stationen i Port Said, som även betjänar svenska fartyg med biblioteksbyten och tidningar när de passerar genom Suezkanalen.

1957 ställde Antwerpen Hamn mark till Välfärdsrådets förfogande för en svensk fotbollsplan med klubbhus. Skeppsredaren och styrelseledamoten Sven Salén inspekterade anläggningen, som kom att heta Tre Kronor. Den låg i ett ödsligt hamnområde som var utsatt för väder och vind. Sven Salén bekostade själv 480 popplar, som omedelbart inhandlades och planterades som vindskydd. Anläggningen drivs sedan 1978 av de internationella sjömansmissionssällskapen, men bland svenskar – som också är välkomna dit – kallas den fortfarande Tre Kronor. Sven Saléns skyddande popplar är ståtligare än någonsin.

Manskapshytt på Svenska Lloyds s/s Britannia. Fotograf okänd / SMMs arkiv.

Hytt på m/s Peter 1967. Fotograf okänd / SMMs arkiv.

Med tiden fick sjömännen ett drägligare liv ombord. Manskapshytt 1974 på t/t Sea Saint. Samtliga hytter ombord har heltäckande mattor och ett separat toalettrum med dusch. Foto Kockums presstjänst / SMMs arkiv.

Manskapsmäss på lastmotorfartyget Immen av Karlstad 1976. Fotograf okänd / SMMs arkiv.

Interiör på biltransportfartyget Madame Butterfly byggt 1981. Foto Kockums presstjänst / SMMs arkiv.

Ett annat exempel på privata insatser är stiftelsen Fundación Johnson och sjömansklubben ”Johnsons Minne”. Stiftelsen bildades krigsåret 1942 av generalkonsul Axel Ax:son Johnson till minne av hans far, rederigrundaren Axel Johnson. Syftet var att ge ”materiellt och moraliskt stöd åt svenskt sjöfolk i Buenos Aires”, således ej begränsat till Johnsons egna sjöanställda. Sjömansklubben, som uppfördes intill hamnens svenska kyrka, invigdes 1947 och användes flitigt av svenska sjömän i tre decennier. Till ”Johnsons Minne” – som numera lär hyras av Ericssonkoncernen – hörde även ”Ranchen”, ett fritidsområde ett par mil söderut, där sjömännen kunde koppla av med fotboll, ridning och grillkvällar. Sjökapten Lennart Revborn kommenterar i sin bok Uteseglarna:

Fundación Johnson i Buenos Aires är enligt min uppfattning den i särklass största och värdefullaste privata satsning för sjöfolkets välfärd i en utländsk hamn som någonsin har gjorts, och den kom att bli särskilt värdefull för uteseglarna.

Välfärd i svenska hamnar

På Välfärdsrådets första styrelsemöte fanns även idrott för sjömän på dagordningen. En idrottskommitté tillsattes, med skeppsredaren och OS-medaljören i segling Sven Salén som ordförande. Redan 1950 inleddes verksamhet i Stockholm och Göteborg, med två anställda idrottstränare. Året därpå startade en nordisk fotbollsserie för fartygslag, det embryo som skulle gro till dagens helt internationella Seven Seas' Football Series.

1952 invigdes ”Sjöfolkets bollplan” på Norra Djurgården i Stockholm, förlagan till det som efter grannen Kaknästornets tillkomst 1967 kom att kallas Sjöfartsklubben Kaknäs. I Göteborg dröjde det till 1960 innan sjöfolket fick sin

fasta idrottsanläggning, Rosenhill. Båda finns kvar, i likhet med den betydligt yngre Johannisborg Seamen's Club i Norrköping. Alla tre har rustats upp till förstklassiga sjömanscentra med ett brett serviceutbud som riktar sig till svenska sjömän likaväl som sjömän av alla nationaliteter på inneliggande fartyg.

En annan viktig fråga att ta itu med var sjömännens boende, då de vistades i svenska hamnar för att få ny hyra. Det gällde hamnar med sjömanshus, som i fråga om mönstringar var föregångare till senare tiders sjömansförmedlingar. I en del hamnar fanns äldre sjömanshem i kyrklig eller kommunal regi, med otidsenlig standard. Det var inte ovanligt att sjömän tvingades sova under hamnupplagens presenningar.

Välfärdsrådet förmedlade nu stora statliga bidrag till ett halvdussin nya, moderna sjöfartshotell, och till ytterligare några befintliga hotell som rustades upp till godtagbar standard. Hotellen fanns i ett tiotal hamnar. De kom att ägas av kommunalt förankrade sjöfartshotellstiftelser. Fyra av stiftelserna och två av hotellen finns kvar (se avsnittet Sjöfartens myndigheter och sammanslutningar).

Välfärdsrådet kliver ombord

1952 vitsade Norrköpings Tidningar om fartyget Bio-Bio, som var lastad med Sjömansbibliotekets böcker men inte hade någon bio. Troligen hade skribenten ingen aning om att fartyget var uppkallat en flod i centrala Chile …

(Om detta finns en parentetisk historia. Av Johnson Line's 21 fartyg långa Argentina-serie byggdes under andra världskriget fyra fartyg på Kockums i Malmö. De fick namn efter sydamerikanska floder. La Plata, Amazonas och Orinoco följdes av ett fjärde, som egentligen skulle heta Magdalena efter Colombias mäktigaste flod. Men namnet råkade läcka ut. Generalkonsuln var noga med traditioner. Ett fartygsnamn skulle avslöjas först vid dopet. Man sökte ett nytt flodnamn. Valet föll på Bio-Bio …)

Bio-Bio skulle faktiskt få bio ombord! Samma år som fartyget anlöpte Norrköping tog Handelsflottans Välfärdsråd initiativ till en filmtjänst för sjömanskåren. Till en början rörde det sig om visningar i hamn, men redan från mitten av 1950-talet fanns filmerna ombord i fartygen. Äldre sjömän minns pauserna då projektorns rulle med 16-millimetersfilm skulle skiftas mot nästa rulle, eller då filmens celloidremsa gick av och behövde lappas ihop. Filmvisningarna brukade ske på bestämda tider. De var sociala avbrott i rutinerna ombord och brukade locka alla som var vaktfria. Ett världsomspännande strategiskt nätverk byggdes upp, så att filmerna kunde bytas i ett stort antal hamnar. 1967 distribuerades 2 800 filmkopior via 58 bytesstationer till 300 svenska fartyg.

Servicen finns kvar, anpassad till teknikutvecklingen. Steget till film på videokassetter togs 1984, sedan det Sveriges Redareförening närstående bolaget Sjöfarts-TV hade installerat videobandspelare ombord i de större fartygen. De första åren skedde distributionen parallellt med 16-millimetersfilmen, en distributionsform som upphörde definitivt 1988. På andra sidan millennieskiftet väntade nästa teknikskifte; behändiga DVD-skivor som postas direkt till de anslutna fartygen.

1976 lämnade Välfärdsrådet över stafettpinnen till efterträdaren Handelsflottans kultur- och fritidsråd. Samma år såldes Boomerang i Australien, till många sjömäns sorg. 1978 avvecklades Tre Kronor och Scandia i Antwerpen. Verkligheten hade förändrats och egna anläggningar utomlands hade spelat ut sin roll. Fartygsbesökande platsombud fanns dock kvar och finns fortfarande i Rotterdam och Antwerpen; tidigare även i japanska Kobe samt Hamburg/Lübeck.

Det nya rådet satte ännu mer än tidigare fokus på verksamhet ombord, i syfte att göra en onormal tillvaro så normal det någonsin går. Det skedde genom insatser på områden som nyhetsförmedling, kultur och motion i olika skepnader. 1978 kom Sjömansbiblioteket in i samma organisation, som sedan 2007 är enheten Sjömansservice inom Sjöfartsverket.

Med kurs mot framtiden

Under tiden närmast efter krigsslutet var styckegodsfartygen ett dominerande inslag i den svenska handelsflottan. Dessutom ökade snart tank- och malmfartygen, liksom kylfartygen. Motorseglarna sjöng på den absolut sista versen, ångfartygen likaså.

Vid utgången av 1936 hade kravet på segelfartygspraktik för att få studera till däcksbefäl upphört. Ändå lät Broströms bygga ett seglande skepp på Lindholmen krigsåret 1942, med uppgiften att bli jättekoncernens splitter nya skolskepp. Den fyrmastade slätskonaren Albatross kunde även gå för egen maskin. Investeringen skulle visa sig vara ett förutseende drag.

Samtidigt som sjömän i manskapsställning periodvis kunde få gå och vänta på ny hyra i både svenska och utländska hamnar skrek branschen efter välutbildat sjöbefäl. Sjöbefälsskolor fanns i Stockholm, Malmö, Härnösand, Göteborg och Kalmar (varav de två sistnämnda finns kvar under beteckningen sjöfartshögskolor), men de lyckades långt ifrån tillgodose rederiernas behov. Befälsvakanser fylldes till nöds med uppmönstrade sjömän. De kunde vara hur erfarna och yrkesskickliga som helst i den tidens lågteknologiska fartyg, men de saknade behörighet.

Flera rederier satsade nu på egna skolfartyg. Ett av dessa var ytterligare ett seglande skepp, utöver Albatross. 1945 övertogs Abraham Rydbergs stiftelses sista egna fartyg, den vackra tremastade bramsegelskonerten Sunbeam II, av Clipper Line i Malmö. Flying Clipper, som hon fick heta, skulle tjäna rederiet ända till 1963 och se mängder av elever passera revy. Det året såldes hon till den grekiske shippingmannen Eugenios Eugenides. Han skänkte henne vidare till den grekiska staten, varpå hon kom att bära hans namn. Efter millennieskiftet lär Eugenios Eugenides ha rustats upp inför en ny vår som övningsfartyg för den grekiska marinens kadetter.

Transatlantic dammade 1957 av sitt gamla skolfartygsnamn G.D. Kennedy, som nu tillföll en nybyggd torrlastare med plats för ett femtiotal elever, utöver lärarkår och besättning. Det året levererades även Transmarins lilla m/s Neva, som fick samma viktiga uppdrag i mindre skala. Johnsons m/s Paraguay lämnade Götaverken 1947 och byggdes några år senare om till sitt rederis skolfartyg. Till samma kategori hörde Grängesbergsbolagets m/s Sarek.

Dit hörde även m/s Stureholm. Hon skräddarsyddes 1957 som den stora Broströmskoncernens nya skolfartyg, med en helt annan elevkapacitet än den ännu aktiva Albatross. 1970 överfördes Stureholm från Svenska Amerika Linien till närbesläktade Ostasiat, varpå hon skiftade namn till Travancore. Då hade

Ostasiats tidigare skolfartyg Nippon suttit fast i Suezkanalen sedan sexdagarskriget 1967.

Under 1970-talets krisår skingrades de alla för vinden och försvann ur sikte. Sedan dess har lastförande skolfartyg lyst med sin frånvaro i många år, ända tills ACL:s Atlantic Cartier började tas i bruk för elevresor 2007. Däremot har enskilda sjömanselever och sjöbefälsstudenter hela tiden placerats ut på vanliga fartyg för praktiktjänstgöring; i många år genom Sveriges Redareförenings förmedling men numera via Sjöfartens Utbildningsinstitut (SUI), en stiftelse som grundades 1998 av SRF, SEKO sjöfolk och Tjörns kommun.

Hur gick det då för stolta Albatross? Hon skulle vinna stor berömmelse som huvudrollsinnehavare i en svensk djuphavsexpedition 1947–48, den transoceana och vetenskapligt mycket framgångsrika Albatross-expeditionen. Exempelvis genomfördes för första gången någonsin trålningar ner till närmare 8 000 meters djup, vilket bekräftade att liv förekom även på så stora djup. Egentligen skulle expeditionen ha genomförts redan 1939, och då med Röda Bolagets bärgningsfartyg Fritiof. Ett världskrig kom emellan.

Vetenskapliga expeditioner kan sägas vara ytterligare en liten nisch i svensk sjöfarts 1900-talshistoria. I hemmavattnen har Sverige en ansenlig flotta av mindre forskningsfartyg som vore värda sin egen mässa, och ute på de djupa haven hålls traditionen vid liv av Sjöfartsverkets urstarka isbrytare Oden, som flitigt chartras av Polarforskningssekretariatet och kan sägas vara dess främsta resurs.

Albatross såldes 1966 och skulle gå skiftande öden till mötes. Under panamaflagg bar hon namnen Donna och Dorothea. 1970 tog brittiska Board of Trade över. Som avriggade Miranda blev hon basfartyg för det brittiska högsjöfisket. I den egenskapen deltog hon i de så kallade torskkrigen 1972–73 och 1975–76, då Island utvidgade sin ekonomiska zon till 50 respektive 200 nautiska mil.

1981 såldes Miranda vidare till en tysk, som gav henne tillbaka namnet Albatross. Han lär ha haft för avsikt att åter rigga henne till seglande skepp. Möjligen blev uppgiften för tung. Något senare observerades hon i Lübeck i ett bedrövligt skick. Därefter tycks spåren efter henne vara bortsopade.

Väl att märka: Gamla fartyg dör inte – de bara försvinner ur sikte.

Sinus af Stockholm

Byggt i Göteborg 1941. Fotograf okänd / SMMs arkiv.

7

Ångan åter på topp i linjesjöfarten

Efter andra världskriget hade Sverige ett jämförelsevis mycket gott utgångsläge. Med den utsatta handelsflottan som undantag hade landet lyckats hålla sig utanför kriget. Livlinan lejdsjöfarten hade med glans klarat sitt uppdrag i nationens och folkförsörjningens tjänst. Den svenska produktionsapparaten var intakt och kunde bidra till återuppbyggnaden av en krigshärjad omvärld.

7 Ångan åter på topp i linjesjöfarten

För sjöfarten stundade en radikal omdaning och föryngring av flottan. Kvardröjande motorseglare och ångfartyg sjöng på sista versen.

En mycket stor betydelse för utvecklingen fick den nya sjöarbetstidslagen av 1948, som trädde i kraft året därpå. I fartyg på minst 500 bruttoregisterton krävdes nu övergång från tvåvakts- till trevaktssystem. Den svenska trampflottan i nordsjö- och östersjöfart bestod i huvudsak av äldre ångfartyg. I den hårda konkurrensen med västtyska och nederländska fartyg, som hade betydligt lägre driftskostnader, kunde de svårligen anpassa sig till de nya normerna. Men nöden är uppfinningarnas moder. Begreppet "paragrafare" föddes, myntat av Svensk Sjöfarts Tidnings dåvarande chefredaktör Ture Rinman. "Paragrafarna" var specialdesignade fartyg med maximal lastförmåga och en dräktighet som ej översteg 499 bruttoregisterton – där man således kunde fortsätta med det kostnadsbesparande tvåvaktssystemet. Först ut var Kalmar Varv, som 1951 levererade m/s Suzanne till Stockholmsrederiet AB Flyred. Hon följdes av många "paragrafare", som kom att ersätta de äldre närtrafikfartygen. Ett av dem var Helsingborgsrederiet Signes 499-tonnare Edith, där en 17-årig jungman gick på sjövakten 00–06 och 12–18. Totalt bestod däcksmanskapet av fyra man, som gick vakt om vakt i sextimmarsskift.

Sjöarbetstidslagen reviderades 1960 och 1970. 1998 ersattes den av lagen om vilotid för sjömän, som har ansetts vara mer flexibel än den som framfödde "paragrafarna".

Återupptagen linjetrafik

Rederier som Nordstjernan, Broströms, Transatlantic och många därtill återupptog trafiken på sina transoceana linjer; Nordamerika, Medelhavet, Ostasien, södra Afrika, Australien, Brazil/La Plata samt Syd- och Nordpacific.

Nya linjer tillkom, kors och tvärs över världshaven. Ett exempel från 1947 är Swedish Chicago Line, som i likhet med andra svenska rederier – exempelvis Svenska Amerika Linien – hade Lake-fartyg som var specialdesignade för fart på Stora Sjöarna och slussarna längs St. Lawrence Seaway på väg in dit. SCL drevs av Västerviksbolaget Rederi AB Ragne, vars namn är en ordlek grundad på redarparet Ragnar och Signe Nilssons förnamn, samt And. Smith Rederi AB i Uddevalla. 1968 försvann det sista Lake-fartyget och 1971 gick SCL definitivt till hävderna. Så även And. Smith Rederi AB, medan Rederi AB Ragne skulle hanka sig fram ytterligare några år.

Under den första efterkrigstiden seglade rederierna för förliga vindar. Ett exempel var Gunnar Carlssons Transatlantic. I likhet med övriga större rederier hade även Transatlantic drabbats av ett flertal tragiska krigshaverier som krävde många människoliv. Men rederiet gick skuldfritt ur kriget och hade därmed fria händer att förnya sin flotta. Transatlantic hade som tradition att skräddarsy nybyggen för sina linjers olika förutsättningar. Under 1940- och 1950-talen levererades många Transatlantic-fartyg från Göteborgsvarven; däribland den klassiska moln-serien, som i hård konkurrens med Nordstjernans samtida Seattle-serie har

Cirrus och Stratus
Cirrus och Stratus ingick i Transatlantics berömda moln-serie som fraktade frukt och ull i det så kallade ull-racet mellan Sydney och Dunkerque. Foto Transatlantic AB / SMMs arkiv.

SEATTLE

Seattle
Nordstjernans Seattle-serie har kallats de vackraste och mest smäckra svenska lastfartyg som någonsin har sjösatts. Foto Hansen/Pedersen / SMMs arkiv.

kallats de vackraste och mest smäckra svenska lastfartyg som någonsin har sjösatts.

Det var nog inte enbart för skönhetsupplevelsens skull som Nimbus sjösattes på Götaverken 1947, exakt 40 år efter rederiets premiär på Australienlinjen. Hon och hennes medsystrar Stratus, Cirrus och Cumulus byggdes snarare för att bli havets vinthundar i den stenhårda konkurrensen på just den traden. De skulle forsa fram i 19,5 knop fullastade med frukt och ull i det så kallade ullracet mellan Sydney och Dunkerque. De var också inredda med passagerarutrymmen, likt kollegorna inom Johnson Line. Däremot var de inte särskilt rationella i lasthanteringen vid kaj, och de hann endast med två rundresor vardera per år. Så småningom skiftade de trad till Västafrika. Moln-systrarna levererades 1948-50 och ljöt alla skrotdöden ungefär ett kvartssekel senare.

Nordstjernans lika legendariska Seattle-serie bestod av åtta fartyg som

Killara
Killara var ett av två svenska fartyg som blev fast när Suezkanalen stängdes till följd av kriget 1967.
Foto Transatlantic AB / SMMs arkiv.

levererades från Kockums i Malmö och Howaldswerke i Kiel mellan 1948 och 1952. De lär till och med ha varit snäppet snabbare än moln-kollegorna: 20 knop. Sju av dem ljöt skrotdöden under 1970-talet. Undantaget var Lions Gate. 1973 såldes hon till Libanon och byggdes om till ett fårtransportfartyg, som skämtarna lär ha kallat ”världens största wo/wo-fartyg” (”walk on/walk off”). Under gång mellan Fremantle och Viken våren 1980 utbröt en brand ombord. Den spred sig snabbt över fartyget, som var fullastat med får. Alla besättningsmän utom en räddades. Fartyget sjönk med sin levande last.

Lasthanteringen på styckegodsfartygen skedde länge än med hjälp av bommar. Lastrummen täcktes av träluckor som vilade på skärstockar och förseglades med presenning och träkilar; ett arrangemang som skämtsamt kunde kallas ”finska patentluckor”.

I sinom tid började man gå över till däckskranar och utifrån manövrerade stålluckor, vilka kraftfullt rationaliserade lasthanteringen. Dessutom slapp däcksfolket den livsfarliga balansgången över ofta regnhala skärstockar vid av- och påluckning, med fritt fall ned i lastrummet om man skulle råka slinta. För Transatlantics del inleddes teknikrevolutionen av m/s Kirribilli, som lämnade Götaverken 1956.

Utvecklingen gick vidare, fortfarande med Transatlantic som exempel. Överbyggnaden och maskinrummet fanns av hävd midskepps. 1966 var det dags flytta dem längst akterut, för att lasten skulle få hela utrymmet för därom. Först ut av fyra systrar med den nya utformningen var m/s Killara, som levererades från Eriksberg den 16 september 1966. Åtta månader senare var hon under gång mellan Brisbane och – enligt planerna – Gdynia …

Suezkanalens gula flotta

Fartyget hade oturen att befinna sig i en nordgående konvoj genom Suezkanalen just då sexdagarskriget mellan Israel och dess grannar bröt ut den 5 juni 1967. Samma öde delades av Ostasiatiska Kompaniets fem år gamla skolfartyg, m/s Nippon, och ytterligare tolv fartyg under sju andra flaggor. Kanalen stängdes och fartygen satt fast med sin last och sina besättningar. Ökensanden blåste ständigt in över dem, och snart fick den mångnationella flottan smeknamnet the Yellow Fleet.

I oktober 1967 samlades alla de 14 fartygens besättningar ombord i brittiska m/s Melampus. Sjömännen grundade Great Bitter Lake Association, som anordnade idrottstävlingar, tryckte egna frimärken och drog igång en rad andra aktiviteter för att göra det bästa av situationen. 1969 ankrades fartygen i grupper, så att färre besättningsmän kunde klara tillsyn och underhåll. Nya ”fartygsnamn” föddes, och nykomponerade frimärken lär ha lett till salighetsrysningar hos omvärldens filatelister. m/s Müwinikies stod för tyska Münsterland och Nordwind, svenska Nippon och Killara samt norska Essayons. 1972 kunde de sista besättningsmännen lämna the Yellow Fleet. Ett norskt bolag tog nu över tillsynen.

Året därpå stundade nästa krig, oktoberkriget 1973. Utgången ledde till beslut om att äntligen röja kanalen. Våren 1975 öppnades den åter för internationell trafik, och the Yellow Fleet kunde återuppta sin sedan åtta år avbrutna passage nordvart. Då var sedan länge de svenska fartygen avförda från sina ursprungliga ägare. Killara hade köpts av det nu Salénägda Rederi AB Rex och med god förtjänst sålts vidare till Hellenic Lines, som även kom över Nippon.

Ro/ro-fartygens tid

Det var skandinaver som under efterkrigsperioden renodlade ro/ro-konceptet (där godset körs ombord/iland enligt roll on/roll off-principen, vanligen via en sido- eller akterport). Till innovatörerna räknas sjökapten Bengt Törnquist, som var befälhavare i Wallenius och redan på 1950-talet hade bidragit till att skräddarsy fartyg för fordonstransporter. Vad som har kallats världens första car carriers levererades 1955. Rigoletto (IV) och Traviata (II) var specialbyggda för att klara den trångaste slussen längs St. Lawrence Seaway och kunde lasta 290 bilar vardera. Men ännu lastades och lossades fordonen med hjälp av kranar. Emellertid skulle det inte dröja länge innan Törnquist och andra styrde in på ro/ro-spåret.

Av stor betydelse för lasthantering av exempelvis paketerat virke med truck var det från för till akter löpande fribordsdäcket utan överbyggnader, flushdäcket.

I januari 1970 levererade Eriksberg det första fartyget i Transatlantics nya revolutionerande serie på tre fartyg. m/s Paralla, som sattes in på linjen Pacific Australia Direct (PAD), har i rederiets egna annaler kallats världens första oceangående ro/ro-fartyg. Det är måhända, som så ofta, en definitionsfråga.

Numera transporteras förädlade varor mestadels i standardiserade lastbärare, förmedlade av fartyg som går i regelbunden trafik mellan fasta anlöpshamnar.

Så ser dagens linjetrafik ut. Den utförs i princip av renodlade containerfartyg på transoceana trader och av ro/ro-fartyg på kortare trader, exempelvis i Europafart.

Ro/ro-fartyg är även vanliga i oceanfart; under svensk flagg exempelvis företrädda av Wallenius och Atlantic Container Line. Svenska och andra nordiska fartyg dominerar den internationella ro/ro-sjöfarten.

ACL kom till på initiativ av skeppsredare Olof Wallenius i Stockholm. Året var 1965, och hans rederi var redan stort inom nischen fordonstransporter. Wallenius såg en hotande konkurrens från amerikanska Sea-Land. Han tog kontakt med andra svenska och europeiska linjerederier för att utveckla ett kombinationsfartyg för både containrar och rullande gods. Med ombord från start var, utöver Wallenius, nederländska Holland America Line, franska CGT, brittiska Cunard samt Rederi AB Transatlantic och Svenska Amerika Linien. Den första generationens fyra fartyg sjösattes 1967. Först ut var Transatlantics Atlantic Span. Fartyget var också först att lämna Skandiahamnen i Göteborg, vilket skedde den 1 september 1967. Därmed gick startskottet för ACL, som skulle bli en fortsättning på Transatlantics och Broströms godslinjer på Nordamerika.

ACL har i huvudsak varit en framgångssaga, med ett tragiskt undantag. Under Falklandskriget 1982 chartrades Cunards brittiskflaggade Atlantic Conveyor av Royal Navy. Fartyget sänktes av en argentinsk Exocet-raket. Fyra år senare utmanade rederiet gammalt sjömansskrock genom att döpa ett nybygge till samma namn. Men hon har troget gjort sin tjänst för ACL i mer än 20 år, sedan 2003 under svensk flagg, och är still going strong.

1990 tog gamla Transatlantic – och därmed Bilspedition – över 100 procent av ACL, men högkvarteret flyttades från Southampton till New Jersey. Fyra år senare introducerades ACL på Oslobörsen, och år 2000 började Grimaldi Group med säte i Neapel köpa in sig i ACL. Lagom till 40-årsjubileet 2007 var tiden mogen att integrera det nu helägda ACL i Grimaldi Group. Dock är det oförändrat ACL Ship Management, det vill säga TransAtlantic i Skärhamn, som sköter drift och bemanning av de fem svenskflaggade ACL-fartygen med byggår 1985–86.

Costa Marina och Axel Johnson
Samma fartyg med olika namn och funktion. Containerfartyget Axel Johnson bytte skepnad till kryssningsfartyget Costa Marina.
Foto Costa Marina: Terje Fredh / SMMs arkiv.
Foto Axel Johnson: Johnson Line / SMMs arkiv.

1963 levererades Aniara (I) med lastport i bogen och medföljande lastramp för bruk i hamn. Det var Wallenius första ro/ro-fartyg, om än ett rudimentärt sådant. Snart stod skandinaviska redare på kö hos varven för att bygga egna exemplar av nymodigheten.

Grundprincipen var dock av betydligt äldre datum. Som ett av de allra första exemplen brukar nämnas en tågfärja, som redan 1851 hade satts i trafik på skotska Firth of Forth. Men när häst och vagn långt tidigare tog sig över en å med hjälp av en lindragen flotte var det också en sorts ro/ro-transport. Andra världskrigets stridsvagnsförande landstigningsfarkoster likaså.

1958 levererades det ångturbindrivna ro/ro-fartyget Comet från Sun Shipbuilding i Chester, Pennsylvania. Comet titulerades vehicle cargo ship, fordonstransportfartyg. Beställare var US Military Sea Transportation Service, föregångaren till dagens Military Sealift Command (civila amerikanska fartyg i US Navy's transporttjänst). Comet med sin akterramp, sina surrningsanordningar för fordon och sitt ventilationssystem bör ha varit en förebild som inspirerade till de moderna godsförande ro/ro-fartygen.

Men inte heller Comet var först. Den tysk-judiske artilleriofficeren Arnold Bernstein hade dekorerats med järnkorset av första graden för sina insatser på Tysklands sida i första världskriget. 1919 grundade han sitt första rederi, som snart mötte stora framgångar. Han revolutionerade transporten av Ford-bilar från USA till Europa. I stället för att lastas och lossas med bommar kördes de ombord och iland via portar i skrovsidorna. För ändamålet hade han låtit bygga om tre tyska kustpansarskepp till motordrivna lastfartyg. När depressionen slog till 1929 kollapsade biltransportmarknaden. Bernstein konverterade då fartygen till passagerarfartyg. 1934 började han transportera judiska flyktingar från Trieste till Palestina. Men 1937 satte Gestapo sina klor i honom, och hans rederi upplöstes. Dock lyckades han själv undkomma till USA, där han så småningom skrev sina memoarer – Ein Jüdischer Reeder.

Till ro/ro-fartygens kategori hör strängt taget även de omkring 60 vägfärjorna inom Vägverket Färjerederiet, som i sin marknadsföring gärna kallar sig Sveriges största rederi.

Containerströmmen

Den vanligaste lastbäraren skulle kunna kallas godsbehållare. Eller fraktlåda. Olika översättningsord har lanserats. Ändå använder de flesta av oss det engelska ursprungets container, såvida vi inte drar till med ”burk” på sjöfartsbranschens jargong. De språkligt renläriga islänningarna säger gámur, med betydelsen stort kärl eller rum. Containerfartyg blir gámaskip. Motsvarande på den närbesläktade färöiskan är byngja och byngjuskip, efter binge i betydelsen lår eller box. På maritim engelska kallas fartyget box ship.

Uppskattningsvis 300 miljoner metallboxar lär flyta omkring på världshavens fartyg eller vara på väg till och från världens hamnar via andra transportmedel, för att snabbast möjligt nå sina mottagare. Sedan 1961 finns den standardiserade måttenheten TEU (20 foot equivalent unit). Standardcontainern är således 20 fot lång – motsvarande 6,1 meter – samt 8 fot bred och 8,5 fot på höjden. De största containerjagarna inom världsledande danska Mærsk kan lasta uppemot 15 000 TEU vardera! Så är de också lika långa som en supertanker.

Hösten 2006 gick den första av de största, Emma Mærsk, ut på sin jungfruresa. Hon mäter 170 974 bruttoregisterton, är 397 meter lång och 56 meter bred och har fullastad ett djupgående på 30 meter. Det innebär att hon tillfälligt måste läktra över last på andra fartyg för att kunna passera genom Suezkanalen. Kanalen har specialfartyg för det ändamålet.

Emma Mærsk är ett renodlat containerfartyg, varmed menas att lastning och lossning enbart sker enligt lift on/lift off-principen (lo/lo); således vertikal lasthantering med hjälp av jättekranar på kajen. Sverige har inte haft några sådana fartyg sedan Nordstjernans Bo Johnson skiftade flagg 1993. Johnson hade redan 1966–71 låtit bygga en serie på fem renodlade containerfartyg i Åbo: Axel Johnson (IV), Annie Johnson (III), Margaret Johnson (II), San Francisco (II) och Antonia Johnson. De lastade upp till 885 TEU. Axel och Annie skulle gå en ny vår till mötes sedan de byggts om till kryssningsfartygen Costa Marina respektive Costa Allegra. De övriga har ljutit skrotdöden.

Bland dagens svenskflaggade fartyg kommer de inom ACL nära definitionen. Atlantic Cartier, Atlantic Companion, Atlantic Compass, Atlantic Concert och m/s Atlantic Conveyor är goda för 3 100 TEU vardera. Dock är de samtidigt ro/ro-fartyg och brukar därför tituleras ro/lo-fartyg.

När gamla Broströms och sedermera gamla Transatlantics stolthet Nihon löpte av stapeln 1972 lär hon ha varit världens främsta och snabbaste containerfartyg. Hon var god för i dag föga imponerande 2 400 TEU. Hennes slut blev snöpligt. I slutet av november 1997 bröts hon mitt itu utanför Azorerna. Förskeppet gick till botten och akterskeppet gick till skrot i Gijon.

Utvecklingen går i rasande fart. Siktet är inställt på halvkilometerlånga fartyg som tar uppemot 20 000 TEU. Det kräver ökad markyta och allt större containerkranar i de allt mer svåröverskådliga containerterminalernas ödsliga landskap.

Hamnarna har blivit mer identitetslösa, utan de dofter och skådespel som äldre lasthanteringsmetoder bjöd på. Containern har gjort sjöfarten mer osynlig för hamnstädernas invånare och förpassat sjömännens traditionella hamnliv till minnets redd. Utvecklingen går mot allt kortare liggetider i containerterminaler som ligger allt längre bort från citykärnorna.

Världen har blivit mer fyrkantig. Men den standardiserade godsbehållaren på 20 fot (eller 40 fot, FEU) har revolutionerat de intermodala godstransporterna, där olika trafikslag samverkar från dörr till dörr. Det går inte att vrida klockan tillbaka; knappast ens om de värsta farhågorna skulle besannas om diskret smuggling från land till land av narkotika, ovälkomna personer och massförstörelsevapen.

Under containerns 50-årsjubileum 2006 kretsade det mesta kring den amerikanske åkeriägaren Malcolm McLean, som 1956 köpte tankrederiet Pan Atlantic. Samma år lämnade rederiets m/t Ideal-X Newark på resa till Houston, försedd med 58 containrar på plattformar. Detta var också embryot till containerrederiet Sea-Land, som sedermera slukades av jätten Mærsk Line.

Både rederiet och containeriseringen fick en ordentlig skjuts under Vietnamkriget, då samarbetet med Military Sea Transportation Service fördjupades. 1973 hade utvecklingen nått dithän att fyra femtedelar av allt inkommande gods fraktades i containrar.

I själva verket var det nog två pionjärer som råkade introducera containern samtidigt, helt oberoende av varandra. 1956 satte Anglo-Continental Container Service in m/s Clipper på lastfärjeleden mellan nordirländska Larne och skotska Ardrossan. Fartyget hade anpassats för att kunna lasta specialdesignade aluminiumcontainrar. Därmed bör Clipper få dela äran över att ha inlett sjöfartens containerisering med Ideal-X.

Underliga saker inträffar, även i den fyrkantiga världen. Containerfartyg kommer in i våldsamma oväder. Containrar sliter sig och går i sjön, surrningarna till trots. Normalt flyter "burkarna" intakta – och föranleder skarpa navigationsvarningar till passerande fartyg. Men vid ett tillfälle hamnade ett parti prima Irish Cream i havet. Irländska fiskare fick åtskilliga buteljer i sina nät och trodde nog blint att Högste Kapten hade begåvat dem med ett osedvanligt välsmakande under.

Vid ett annat tillfälle slapp 29 000 gula leksaksankor från Kina ur sin container i Stilla Havet, till bestående nytta och glädje för dem som forskar kring världshavens strömförhållanden.

Visst är det sant att containern har gjort världssjöfarten mer strömlinjeformad. ■

Transatlantics aborigine-namn

Många av Rederi AB Transatlantics linjefartyg bar exotiska namn från de australiska urinvånarnas språk:

Allunga (solen)
Barranduna (ett slags myrtenväxt)
Boogabilla (floder och träskmarker)
Boolongena (emu, den australiska strutsen)
Coolangatta (fin utsikt)
Coolaroo (stjärna)
Cooranga (lockbete)
Goonawarra (svan)
Kanangoora (dag)
Killara (alltid på plats)
Kirribilli ("God fiskeplats", landtungan vid Sydneys inlopp)
Kookaburra (australisk skrattfågel)
Mirrabooka (Södra korset)
Mongabarra (duva)
Parrakoola (två eller tre till av samma sort)
Parranatta (ledarbåts position i kapprodd)
Talarah (skare, frost på snön)
Wangaratta (skarvens häckningsplats)
Woollahra (utkik)
Yarrawonga (klippigt berg)

Banan-Kompaniet. Det som länge var AB Banan-Kompaniets huvudkontor finns sedan 1928 i Stockholms Frihamn. Byggnaden har bevarats och klassas som kulturhistoriskt värdefull. Foto Torbjörn Dalnäs.

8

Kylfartygens värld

Kyltransporter med fartyg har framtiden för sig, i en värld som blir mer miljömedveten. 2008 aviserade Sveriges regering en särskild klimatmärkning av frukt som fraktats med fartyg. Skälet är att internationella flyg- och lastbilstransporter anses vålla betydligt större klimatpåverkan än trafik på havens autostrador.

8 Kylfartygens värld

Ett av världens första kylfartyg, Albion Line's Dunedin, var ett i dag svårslaget miljöföredöme. Hon var fullriggare och hankade sig fram i världen av luft allenast, förutom motorn till det frysaggregat hon utrustades med 1881. I februari 1882 kunde Dunedin avsegla från Port Chalmers, Nya Zeeland, med ungefär 5 000 frysta kroppar får, lamm och svin samt 250 kaggar smör i lasten. 98 dygn senare ankom hon till London utan att köttlasten hade blivit ankommen. Succén var så stor att systern Marlborough också konverterades till kylfartyg. Syskonparet gjorde många resor. 1890 avgick båda samtidigt från Nya Zeeland, framburna av västvinden och sporrade av ett vad om vem som skulle komma först hem till London. Kanske fick det deras skeppare att ta våghalsiga risker vid passagen genom Kap Horns stormpiskade skeppskyrkogård. Båda fartygen försvann med man och allt.

Allra först i branschen var nog den banbrytande franske ingenjören Charles Telliers fartyg Le Frigorifique ("Den kylande"), som gick med både ånga och segel. Redan 1876–77 fraktade hon argentinskt fårkött till Rouen, med hjälp av Telliers frysanläggning.

Samurajrederi

Vid samma tid tog samurajen Yataro Iwasaki från det ofta taifunpiskade japanska kustlänet Tosa (dagens Kōchi) sina första stapplande steg på skeppsredarens bana. 1870 grundade han föregångaren till det som skulle bli ett av världens absolut ledande storrederier; numera med för de flesta svenskar okända trådar till Stockholm och svensk rederihistoria.

Iwasaki var befryndad med den adliga klanen Yamanouchi. Inom den hade Tosas länsherrepost ärvts ända sedan den förste tillsattes år 1600. Men nu hade en 220 år lång isolering mot yttervärlden just upphört och feodalsystemet kastats på historiens sophög. Tosa-klanen fick se sig om efter nya födkrokar. Allra först föll valet på sjöfarten. Klanens släktvapen var tre rombformade blad av sjönötsväxten hishi. Därav det rederinamn som Iwasaki fastnade för 1873, Mitsubishi. Det betyder just ”tre sjönötter”.

1885 tog Iwasaki och hans Mitsubishi Poståarea-AB över sin värste konkurrent. Det var nu det urstarka varumärket NYK föddes med 58 ångfartyg i boet och Yokohama som hemmahamn. NYK är en förkortning av Nippon Yusen Kabushiki-kaisha, Japans Postårareaktiebolag. Mitsubishi skulle i stället bli namnet på den mångsidiga jättekoncern som växte fram runt rederiet – än i dag med Tosa-klanens tre sjönötsblad i stiliserad form som logotyp. Verksamheten omfattar allt ifrån skeppsvarv till Japans ledande ölbryggeri Kirin, vars föregångare Spring Valley Brewery startades i Yokohama 1870 av den norske sjömannen William Copeland alias Johan Martinius Thoresen från Arendal.

Det unga NYK behövde utländska experter för att bygga upp rederiet. En av dem vilar – i likhet med Copeland/Thoresen – på Yokohama Allmänna Utlänningskyrkogård, under det för oss föga intresseväckande namnet John Wilson. Desto mer intressant blir han om vi vet att han föddes i skånska Genarp. Fredrik Walgren – som han egentligen hette – gick till sjöss i unga år och seglade mestadels i brittiska fartyg, vilket fick honom att byta till ett mer engelskklingande namn. Så småningom rotade han sig i Japan. Han gifte sig med en japanska och paret fick sju barn, som alla fick svenskt medborgarskap och döptes till i Sverige gångbara namn. Sjökapten John Wilson alias Fredrik Walgren gjorde så betydande insatser i japansk tjänst – både till lands och till sjöss, och såväl civilt som i örlog – att han 1895 bjöds in till kejsarens palats för att dekoreras med Den Uppgående Solens kejserliga orden. Han uppmärksammas också efter förtjänst på NYK:s eget sjöfartsmuseum i Yokohama.

Banan-Kompaniet

Men låt oss återvända till Stockholm. I avsnittet Mellankrigsåren noterades att skeppsredare Sven Salén tidigt kom i kontakt med AB Banan-Kompaniet – som 1928 flyttade huvudkontor och lager till Stockholms Frihamn. Byggnaden har bevarats och klassas som kulturhistoriskt värdefull. Kompaniet var tidigt ute med reklamslogans som "Världens snabbaste frukost" och lyckades göra svenskarna till storätare av den goda frukten, som skyddas av naturens eget geniala omslag. Sedan 2005 är AB Banan-Kompaniet ett dotterbolag till Dole Food Company, arvet efter ananaskungen J.D. Dole på Hawaii.

1922 gick startskottet för det som skulle bli Salén Reefer Services, världens största kylfartygsoperatör. Sven Salén mjukstartade med inchartrade norska s/s Elisabeth och en rad inköpta andrahandsfartyg. Först 1931 levererades hans första nybygge från norska Fredrikstad. s/s R.H. Sanders blev den svenska handelsflottans första renodlade kylfartyg.

Kylsjöfart var en extrem form av trampfart. Normalt gick fartygen i ballast på utresan, även om bilar och annan däckslast kunde förekomma. De kunde ligga standby for orders någonstans och snabbt ila iväg mot en hamn, för att kanske abrupt omdirigeras till en annan – och efter lastning fortast möjligt jaga tillbaka till suktande marknader i Nordamerika eller Västeuropa och långt senare även Japan.

Efter andra världskriget expanderade Salén snabbt. Det är lätt hänt att nostalgiska sjömansögon fuktas vid minnet av rederiets eleganta bananjagare med vackra namn som San Blas, Barcarolle och Atlantide, för att bara nämna några ur mängden. Garvade salénseglare får något drömskt i blicken när klassiska bananhamnar som Puerto Limón och Santa Marta förs på tal. Många av fartygen tycks ha varit happy ships, där sjömännen stannade länge.

En ovärderlig nyckelperson ombord var kylmaskinisten, ofta en självlärd och uppmönstrad motorman som var en naturbegåvning på att hålla exakt temperatur på tiondelen när för att inte lasten skulle förkomma. För bananer är det 11,7° C som gäller.

Salén var inte helt ensam i den svenska kylsjöfarten. 1946 bildade Broströms ett samprojekt med Trelleborgs Ångfartygs AB, under namnet Atlanttrafik. Rederierna ägde hälften vardera. Sammanlagt 17 kylfartyg med vackra namn som i flertalet fall slutade på Ocean eller Sea passerade revy fram till krisåret 1976, då det sista fartyget såldes. Trelleborgs Ångfartygs AB hade 1968 skiftat namn till Malmros Rederi AB och lade nu i stället tonvikten på stortankers. Atlanttrafik administrerades av Svenska Orient Linien. Den broströmska delen av kylrederiet bar det parallella namnet Oceankompaniet.

Rederi AB Nordstjernan hade redan på 1920-talet börjat utrusta sina nybyggen med kyllastutrymmen. De första ”helkylda” Johnson-fartygen byggdes 1963 på det egna varvet Lindholmen och fick de fantasieggande namnen Yakima Valley och Rio Negro Valley. De följdes av Hood River Valley och Okanagan Valley, som byggdes på Blohm & Voss i Hamburg 1965, samt Aconcagua Valley och San Joaquin Valley, som byggdes på Wärtsilä i Åbo 1968. De fyra första såldes ut 1970-71, medan Åbo-byggena seglade vidare. 1981 överfördes de till Sembawang Johnson i Singapore. Där döptes de om till Pisang och Durian, vilket föranledde nya smeknamn inom den trängre kylfraktbranschen: ”Pisse och Durre, före detta Acke och Jocke.” Båda såldes vidare till grekiska Laskaridis Shipping 1985 och ljöt skrotdöden i början av 1990-talet.

Pisang är det äkta malajiska namnet på det vi, med ett kongolesiskt låneord, har lärt oss att kalla banan. Frukten kommer ursprungligen från Sydostasien. Där hör även apbrödsväxten durian hemma; ”växtrikets surströmming” som smakar gudomligt men anses lukta as.

Bananlastning på Panamaregistrerade s/s La Perla i Duala, Cameroon 1948.
Foto Sven Lantz / SMMs arkiv.

I sjöfartens moderna historia har bananen även haft en annan betydelse – dessutom under falsk varubeteckning – än den som transporterat gods. Under Krimkriget 1853-56 försvårades transportflödet av hampa, som var det hett efterfrågade råmaterialet till tågvirke för bruk ombord. Högklassig ersättning blev i stället manillahampa, som inte är någon äkta hampa utan bananväxten abacá. (Riktig hampa, mullbärsväxten Cannabis, fick däremot ge engelskans ord för segelduk – canvas.)

Bananrepublik

Personalen på rederikontoren och ombord i fartygen kom knappast i kontakt med den verkligheten, men i producentledet var sakernas tillstånd långt ifrån alltid frid och fröjd. Giganten United Fruit – som i Centralamerika kallades El Pulpo (”Bläckfisken”) – hade under 1900-talets första hälft tillvällt sig stora delar av områdets odlingsbara jord, med sikte på framtida bananplantager. Merparten låg för fäfot, samtidigt som befolkningen behövde mark för matproduktion. 1954 lät Guatemalas folkvalde liberale president Jacobo Arbenz expropriera en del av United Fruit's outnyttjade markområden – finurligt nog mot en ersättning som exakt motsvarade det värde bolaget hade angivit i sin skattedeklaration. Det räckte för att han och hans demokratiska regering skulle störtas av utifrån dirigerade trupper och bombflygplan. Ett spirande välfärdsprogram för landets befolkning, inbegripet arbetarna på United Fruit's bananplantager, kvävdes i sin linda. I stället fick Guatemala genomlida en flera decennier lång period av militärdiktatur. Etiketten ”bananrepublik” satte sig i omvärldens medvetande.

Samma år som president Arbenz störtades råkade Evert Taube skalda sin Invitation till Guatemala:

> Jag har en rancho i Guatemala
> om fröken Larzon vill flytta dit,
> där har jag kaffe, miljoner bönor,
> men ingen kvinna tillräckligt vit …

Sanders

Saléns s/s Sanders blev den svenska handelsflottans första helkylda fartyg. Fartyget eldhärjades och övergavs på resa 1933. Lägg märke till hur skärstockar och bommar kröktes av värmen.
Fotograf okänd / SMMs arkiv.

Numera är fruktimportbranschen medveten om att allt fler konsumenter vill ha ”schyssta bananer”. Man strävar efter att hålla sig informerad om hur det ser ut i producentledet; både i miljöhänseende och vad gäller arbetarnas förhållanden.

Bananer var och är kylsjöfartens mest stabila last, men ändå bara ett av flera godsslag. Som tvåa i rangordningen kommer fisk och skaldjur; exempelvis sushi-råvara ända från Sydamerika och Europa till Japan (mycket flygs också till ”Japans främsta fiskhamn”, flygplatsen Narita, men av miljöskäl har den transportvägen knappast framtiden för sig). Därefter följer kategorierna fruset kött samt kyld citrusfrukt. Säsongsbundna transporter av äpplen och päron förekommer också, liksom transport av mera exotiska frukter som kiwi, som numera odlas storskaligt även runt Medelhavet.

Fruktbranschen är en språklig snårskog. Kiwi är egentligen en ostasiatisk frukt, med kinesiska och japanska namn som betyder ”ap-persika”, ”ap-päron” och liknande. Men efter massiv odling i Nya Zeeland och lyckad global marknadsföring fick den namn efter en inhemsk fågel som inte kan flyga, och vars namn dessutom är smeknamn på nyzeeländarna själva. Ett tidigare vanligt men vilseledande namn på frukten var ”kinesiska krusbär”.

Ett annat bedrägligt exempel är ”den israeliska frukten sharon”, som visserligen odlas i dagens Israel men i själva verket är identisk med Japans urgamla nationalfrukt kaki. Därför kallas den kakifrukt eller kakiplommon av kunniga botanister, medan en nordamerikansk varietet av samma frukt bär det indianska namnet persimmon.

I den israeliska fruktexporthamnen Haifa fanns Maritime Fruit Company, som samseglade med svenska Salén. För en svensk sjöman som periodvis bodde där fick MFC:s fartygsnamn det att vattnas i munnen: Persimmoncore, Satsumacore, Nectarinecore, Tangerinecore och Guavacore, för att bara nämna några. MFC självt seglade i kvav i mitten av 1970-talet, men många av MFC-fartygen – som i själva verket ägdes av västtyska partrederier – seglade vidare för Salén.

Så kom Salénkonkursen, i juletid 1984. Men likt en fågel Fenix dök Cool Carriers' föregångare SRS Reefer upp ur askan efter den kraschade koncernen. Branschkunnig ledning och personal från Salén Reefer Services skiftade snabbt till den nya kostymen. Kontinuiteten tryggades – business as usual. Det globala kontaktnätet kunde hållas intakt, och det nygamla kylrederiet tog snabbt över rollen som världens ledande transportör av kylda och frysta varor.

1987 råkade sjömanstidskriften Utkik vara omedvetet vitsig. I ett reportage om exotisk frukt konstaterades att det dåvarande Cool Carriers ”nästan bara hanterar pallad frukt”. Det som avsågs var frukt på lastpallar. Dagens moderna kylfartyg tar både pallar i lastrummen och kylcontainrar på däck. En ökande mängd kylcontainrar går också i renodlade containerfartyg, som emellertid har sina tidtabellbundna oceanslingor och därför inte är flexibla som kylfartygen.

Under sin expansiva sjöfartssatsning mot slutet av 1980-talet blev transportföretaget Bilspedition ägare till Cool Carriers. 1994–95 tog norska Leif Høegh & Co. över – och sålde 1996 halvparten till sydafrikanska Safmarine. Det gav Cool Carriers en värdefull tillgång till den stora sydafrikanska fruktexporten. Men några år senare styckades Safmarine upp och såldes ut (containerdelen till danska Mærsk). Høegh köpte tillbaka Cool-posten, sedan den först hamnat i Grekland.

2001 övergick Cool till danska J. Lauritzen, vars traditionella röda fartygsskrov snarare har med utvändig kyla att göra. Rött reflekterar bra mot is, och rederiet är sedan länge väl befaret i arktiska och även antarktiska farvatten, alltid med efternamnet Dan på fartygen. Kanske är det på grund av skrovets färg som ”JL” i Lauritzen-fartygens skorstenar skall uttydas ”Jyllands Ladugårdar” enligt sjömanshumorn. Rederiets drygt 120-åriga rötter finns i Esbjerg på den jylländska västkusten, men sedan 1914 ligger huvudkontoret i Köpenhamn. På Lauritzens meritlista finns bland annat att rederiet tog initiativ till Søfartsklubben, som långt in på 1960-talet fanns i Nyhavn som ett alternativ till mera sjövilda grannlokaler, samt det ännu livaktiga Søfartens Bibliotek.

2003 utökades parbildningen LauritzenCool till ett ménage à trois, genom att NYK kom in i bilden. Trekanten NYKLauritzenCool höll till 2007, då Lauritzenkoncernen fattade det strategiska beslutet att helt avveckla sina intressen i kylsjöfart. Sedan dess är NYK ensam ägare till NYKCool, som är en av tre världsledande aktörer inom kylsjöfart. De övriga är nederländska Seatrade och

Snow Flake
Snow Flake ingick i Saléns snö-serie av åtta fartyg från början av 1970-talet. Hon skrotades 2006.
Foto Salénrederierna / SMMs arkiv.

SNOW FLAKE

norsk-brittiska Star Reefers. Dessutom har producenter som Banan-Kompaniets ägare Dole egna kylfartyg. NYKCool opererar ett femtiotal fartyg, varav NYK äger ett antal via NYK Reefers i London.

NYK har valt att placera huvudkontoret för Yataro Iwasakis och Sven Saléns gemensamma arv i Stockholm. I Glashuset på Katarinavägen finns därmed en maritim världscelebritet, som kan njuta av en storslagen vy ut över Strömmen och Saltsjön – dock utan att dess fartyg någonsin lär kunna siktas där.

Sandhamn

Sandhamn – en av Saléns klassiska bananjagare. Modellen ingår i Sjöhistoriska museets samling. Foto Karolina Kristensson, SMM.

I Stockholm finns ytterligare ett arv från Salén Reefer Services: Gamle SRS-chefen Mats Ruhnes eget rederi Holy House Shipping. Ruhne var tongivande under Cool Carriers' första år men gick sedan sina egna vägar. Holy House opererar ett femtontal något äldre kylfartyg. Dit hör tre av Saléns klassiska Snow-serie på åtta fartyg från början av 1970-talet – Snow Land, Snow Drift och Snow Crystal. Skillnaden mot den svenska kylsjöfartens fornstora dagar är att de numera seglar under stillahavsnationen Cook Islands flagg. Den svenska halades redan under 1980-talets första hälft. ■

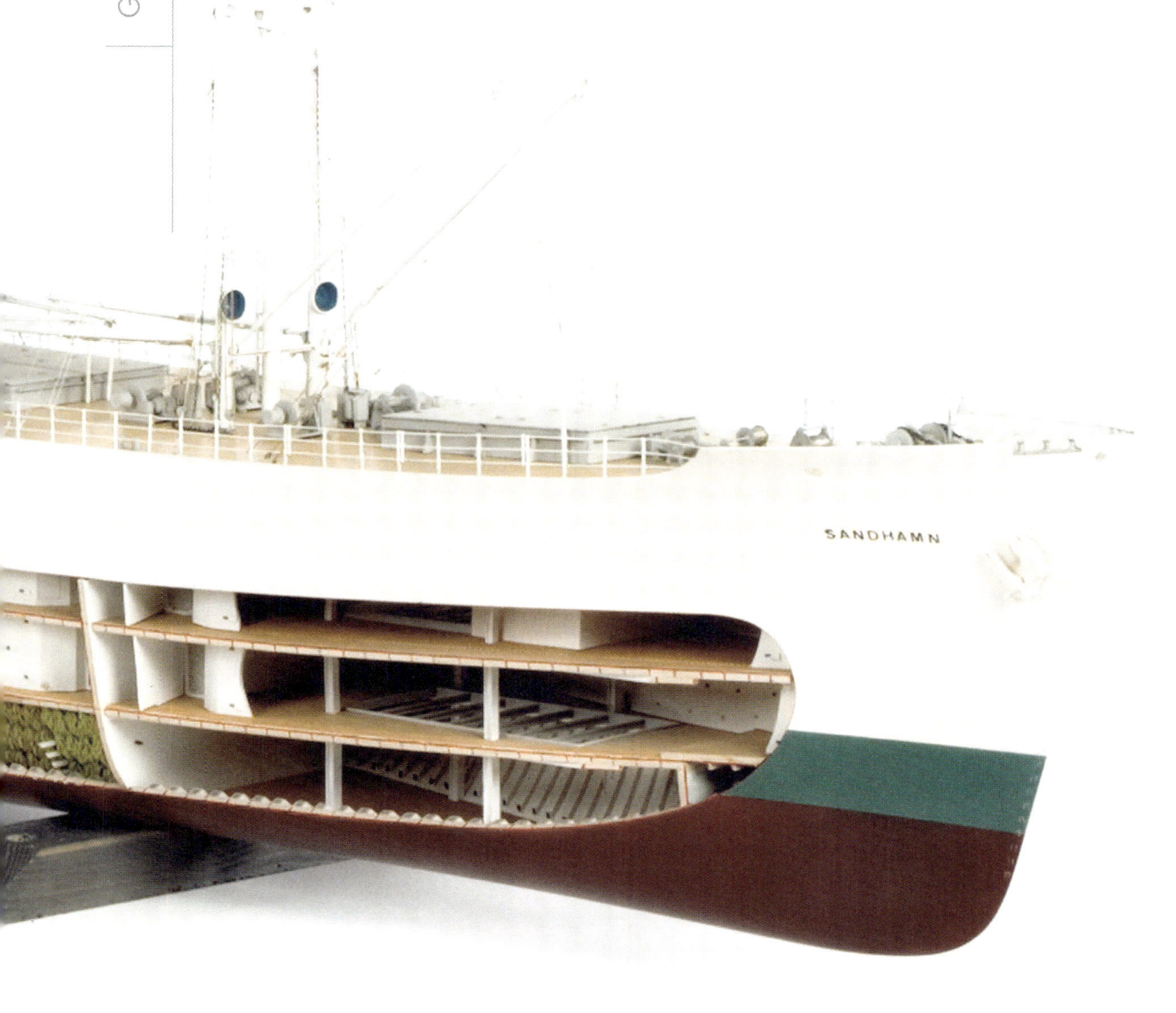

SVENSKA AMERIKA
LINIEN
HELSINGFORS
STOCKHOLM
KRISTIANIA
GÖTEBORG
DANZIG
HAMBURG
BERLIN
HALIFAX
NEW YORK
GRIPSHOLM
NEW YORK
Dubbelpropeller Motorfartyget "GRIPSHOLM" (under byggnad)
GÖTEBORG
GÖTEBORG
DIREKT
NEW YORK
OCH
CANADA

9

Passagerartrafik i när och fjärran

Det tål att upprepas att Sverige i tranporthänseende är en ö. Färjelederna är broar mellan grannar, exempelvis mellan de forna rikshalvorna Sverige och Finland. Men alla hyste inte förtroende för havet som transportled.

9 Passagerartrafik i när och fjärran

Elias Tillander var en för-linneansk finländsk botanist, som under sin levnad på 1600-talet bland annat hann grunda Åbo Botaniska Trädgård. Efter en ruggig sjöresa mellan Åbo och Stockholm lade han sig till med namnformen Tillandz ("till lands") och svor dyrt och heligt att aldrig mer kliva ombord i ett fartyg. När han behövde ta sig mellan rikshalvorna red han hundratals landmil runt Bottenviken! Kanske roterar han vilt i sin grav över att ändå ha fått den transoceana ananasväxten Tillándsia uppkallad efter sig.

Om Elias levde i dag hade han kunnat ångra sig i höjd med Vasa och åka genvägen över till Holmsund ombord i den finländske pizzakungen Rabbe Grönbloms m/s RG 1 (ex Kahleberg). Den kvartssekelgamla ro/ro-färjan korsar Kvarken, där avståndet mellan det finska och det svenska fastlandet är som allra smalast. Därför har det också propagerats för projektet Kvarkenbron, som med avbrott för öar längs sträckningen skulle bli totalt fyra landmil lång. I avvaktan på bron – om den någonsin blir av – skulle Elias Tillandz nog snarare ta sig fram med buss, tåg eller bil längs Bottenhavets och Bottenvikens kuster.

RG Lines RG 1 löste 2005 av Grönbloms Casino Express, som inväntar nya öden under namnet C. Express och St. Kitts & Nevis' brokiga flagg. Hon är identisk med Silja Lines gamla trotjänare Fennia, som byggdes på Öresundsvarvet 1966. Så har också anrika Silja trådar även hit. Rederi AB Vasa-Umeå inledde trafik på linjen 1948, och 45 år senare togs arvtagaren Wasa Line över av Silja. Kvarkentrafiken lades ned sedan EU vid halvårsskiftet 1999 hade avskaffat tax free-försäljning mellan medlemsländerna. Strax därefter dök Rabbe Grönblom upp som en räddande ängel.

Wasalinjen låg för långt norrut för att kunna utnyttja räddningsplankan Åland, som står utanför EU:s skatteunion. Inför Finlands EU-inträde 1995 lyckades det självstyrande landskapet Åland förhandla sig till detta undantag. Genom att göra korta strandhugg i Mariehamn eller Långnäs kan färjor på linjerna Stockholm-Åbo, Stockholm-Helsingfors och Stockholm-Tallinn fortsätta med tax free-försäljningen. Det gäller självfallet även direkttrafiken mellan Roslagen och Åland, liksom kryssningar med strandhugg där. Den möjligheten är däremot utom räckhåll för linjen Stockholm-Riga.

Gamla Silja-anor

Silja Lines anor kan ledas tillbaka till 1904, då Finska Ångfartygs AB (FÅA) och Åbo-rederiet Bore började samsegla mellan Åbo och Stockholm. Som Thure Malmberg visar i sina skrifter saknades det inte föregångare, men ingen av dem hade någon längre varaktighet. Vid första världskrigets slut 1918 kom Stockholms Rederi AB Svea med i samarbetet och satte in 42-åriga s/s J.L. Runeberg på linjen, som snart utsträcktes till Mariehamn på Åland. 1928 utökades trafiken med linjen Helsingfors-Stockholm. Den vattenburna bron mellan Finland och Sverige hölls öppen, även om andra världskriget innebar begränsningar och svåra påfrestningar.

(I kölvattnet efter andra världskriget sålde Svea s/s J.L. Runeberg till en grek, som satte in henne i flyktingtrafiken med överlevande judar till Palestina/Israel. Där skrotades hon 1950. Hon är således inte identisk med den sköna m/s J.L. Runeberg, som sommartid trafikerar skärgården mellan Helsingfors och Borgå.)

Inför OS i Helsingfors 1952 gjorde De Samseglande en särskild kraftansträngning. De beställde var sitt "olympiafartyg". Endast FÅA:s Aallotar hann dock sättas i trafik i tid för att betjäna olympiaresenärerna.

Fem år senare, 1957, bildade De Samseglande ett gemensamt dotterbolag; det inledningsvis Åbo-baserade AB Siljarederiet. Därmed var Silja Line fött. Namnet, som är lätt att uttala på både finska och svenska, kan antas ha samband med den finländske författaren och nobelpristagaren Frans Eemil Sillanpää, vars roman Nuorena nukkunut (1931) fick den svenska titeln Silja. Det rikssvenska sjönamnet Siljan är en avledning av sel, som passande nog betyder "lugnvatten".

Starkt bidragande orsaker bakom bildandet av Silja Line var ökande passagerarströmmar till följd av den nordiska passfriheten från 1954, samt den ökande bilismen. De första fartygen kunde ta ett begränsat antal bilar som lyftes ombord och iland med kran. Men 1961–62 sattes de på Wärtsilä skräddarsydda systrarna Skandia och Nordia i trafik, med det mesta som upp till 1 140 nöjeslystna passagerare ombord kunde önska sig samt dessutom plats för 175 personbilar vardera.

Sjöfartsnäringen drabbades av kriser och konvulsioner, men av det märkte nog inte passagerarna så mycket. Aktörer växlade men trafiken hölls igång – förutom under en strejkperiod 1980, då färjorna tvingades ligga kvar vid kaj.

Stockholms Rederi AB Svea är sjöhistoria sedan 1981, då rederiet helt integrerades i sitt nya moderbolag Nordstjernan. Men någonstans på Strömmen, Saltsjön, Östersjön eller Ålands hav kan vi dagligen och stundligen sikta – eller ännu hellre på plats ombord uppleva – ett levande monument över rederiet. s/s Birger Jarl var Sveas "olympiafartyg" men lämnade Finnboda Varf först sommaren 1953, ett år efter Helsingfors-OS. Dagens m/s Birger Jarl går sedan tre decennier på kryssningar i närliggande vatten, fortfarande med Rederi-Sveas klassiska logotyp i stäven!

En bit in på 1980-talet drog sig Bore ur passagerarsjöfarten och lämnade därmed Silja Line. 1987 köpte de återstående kompanjonerna Effoa (FÅA i ny tappning) och Johnson upp Rederi AB Sally, en av konkurrenten Viking Lines grundare och delägare. Därigenom fick man även in en fot i internationell kryssningssjöfart. I Sally-boet ingick Miami-baserade Commodore Cruise Line, med m/s Caribe 1 bland tillgångarna.

Fennia
Silja Lines gamla trotjänare Fennia byggdes på Öresundsvarvet 1966.
Fotograf okänd / SMMs arkiv.

AALLOTAR

SKANDIA

Aallotar
Inför OS i Helsingfors 1952 gjorde De Samseglande en särskild kraftansträngning. De beställde var sitt "olympiafartyg". Endast FÅA:s Aallotar hann dock sättas i trafik i tid för att betjäna olympiaresenärerna. Foto Jan Christer Lund / SMMs arkiv.

Skandia
Wärtsilä-bygget Skandia och kunde ta upp till 1 140 nöjeslystna passagerare och 175 personbilar.

Silja Symphony
Den exklusiva Silja Symphony byggdes 1991 av Masa-Yards Oy Åbo Finland och har sedan början av 1990-talet. Fotograf okänd. Ur Bernt Fogelbergs samling / SMMs arkiv.

Ett annat intressant kryssningsfartyg fanns i Rederi AB Sallys ägo 1981–86. I mitten av 1960-talet beställde Bonnierkoncernens spirande rederiprojekt Lion Ferry två stora färjor på Wärtsilä i Åbo. Ettan döptes till Prins Hamlet och sattes 1966 in på Bremerhaven-Harwich, en linje som just hade startats av Lion Ferry ihop med Wallenius. När systern levererades 1968 hade Wallenius tagit över kontraktet via sitt tyska dotterbolag. Därför begåvades hon med namnet Bohème och fick även utrymmen ombord uppkallade efter företeelser i Giacomo Puccinis opera La Bohème. Fartyget sattes in i kryssningsfart runt Karibien, utchartrad till Commodore Cruise Line. Detta rederi köptes 1981 av Sally, som även köpte Bohème. Därmed upphörde Wallenius engagemang i kryssningssjöfarten. 1986 – just innan Effoa och Johnson kom in i bilden – såldes fartyget vidare till Scientologisekten, som hon alltsedan dess tjänar under namnet Freewinds. 1990 slog Effoa och Johnson ihop påsarna och bildade EffJohn. Båda avvecklade

sina lastfartygsengagemang. Ungefär samtidigt sattes de exklusiva systrarna Silja Serenade och Silja Symphony i trafik. Fokus sattes nu helt på passagerarfart på Östersjön, och engagemanget i Commodore Cruise Line avvecklades 1995. Bolagsnamnet EffJohn ändrades först till Silja, sedan till Neptun Maritime, och vid millennieskiftet åter till Silja. Då hade Sea Containers Ltd hunnit ta över rodret. 2006 såldes Silja vidare till det expansiva estniska rederiet Tallink, som driver verksamheten vidare inom dotterbolaget Tallink Silja AB.

Från Slite till Star Cruises

Embryot till konkurrenten Viking Line föddes på Åland 1959. Då inledde Rederi AB Vikinglinjen trafik med den 35-åriga färjan Viking, inledningsvis mellan Mariehamn och Korpo utanför Åbo. Med i trafiken var Rederi AB Sally. Samtidigt inledde gotländska Rederi AB Slite bil- och passagerartrafik mellan

Birger Jarl
Dagens m/s Birger Jarl går sedan tre decennier på kryssningar i närliggande vatten, fortfarande med Rederi-Sveas klassiska logotyp i stäven. Foto Bo Palmqvist / SMMs arkiv.

Simpnäs i Roslagen och Mariehamn med m/s Slite. Senare tillkom Ålandsfärjan AB. 1966 slöt de sig samman och bildade marknadsföringsbolaget Viking Line.

Viking Line tuffar vidare på ungefär samma färjeleder som Silja, men sedan 1993 utan sitt gotländska inslag. Det året trädde Rederi AB Slite i likvidation. Rederiets ståtliga nybygge Europa hamnade i stället hos Viking Lines konkurrent och fick namnet Silja Europa.

Samtidigt som Rederi AB Slite havererade tändes långt borta i Malaysia en uppåtgående, klart lysande stjärna på kryssningshimmelen. Star Cruises blev samtidigt en av de större arbetsgivarna för skandinaviskt sjöbefäl. Sannsagan började på hösten 1993, då den malackakinesiska familjen Lim kom från Kuala Lumpur till Höga Nord för att köpa fartyg. Slitekonkursen hade just friställt några finlandsfärjor, och familjen Lim lade upp reda pengar. Kalypso blev Star Pisces, ”Fiskarna”, och Athena blev Star Aquarius, ”Vattumannen”. Den senare representerar havets revir på himlavalvet, och fiskarna är kärleksgudinnan Afrodite och hennes son Eros – angripna av monstret Tyfon hade de kastat sig i vattnet och förvandlats till fiskar som genast höjdes till skyarna.

Det föll sig praktiskt att anlita fartygens säkerhetsbesättningar för leveransresan till Malackasundet. Goda vibrationer uppstod i det kinesisk-skandinaviska kulturmötet – kanske ytterst mellan gamle Konfucius och den två millennier yngre Martin Luther. Båda antas ha ympat in fina dygder i de sina; pliktkänsla, lojalitet, pålitlighet, flit och initiativkraft. Hur det än må vara med det talade hög utbildningsstandard, avancerat säkerhetstänkande och goda engelskkunskaper för skandinaverna. En extra bonus är att de brukar förknippas med en human, förtroendeskapande ledarstil som bidrar till god sämja i fartyg med multinationella besättningar. Star Cruises satsade således på skandinaver som nautiska och tekniska seniorbefäl, och även på andra specialposter ombord som har med säkerhet att göra.

Viking ex Dinard
1959 inledde Rederi AB Vikinglinjen trafik med den 35-åriga färjan Viking.
Rutten var Finland-Åland-Sverige. Fotograf okänd / SMMs arkiv.

Estoniakatastrofen

Ett år senare drabbades vi av den värsta fartygskatastrof som någonsin har inträffat i fredstid här hemma. Natten till den 28 september 1994 förliste estnisk-flaggade m/s Estonia (ex Wasa King, ex Silja Star, ex Viking Sally) på resa mellan Tallinn och Stockholm. Av 989 ombordvarande omkom 852 personer, däribland 501 svenskar. Tragedin följdes av en delvis frän och bitter debatt om haveriorsaken och skuldfördelningen. Vad som har betecknats som rena konspirationsteorier har lanserats från olika håll.

Olyckan följdes även av ett konstruktivt arbete för att förbättra sjösäkerheten. Inte minst sker det inom forskningsmyndigheten Vinnova, med finansiering via Sjöfartsverket. Ytterst handlar det om de till staten återbetalda medel som skulle ha bekostat den planerade men inställda övertäckningen av Estonia. Avsikten bakom idén hade varit att skydda fartyget i dess egenskap av submarin gravplats.

Det förlista fartyget drevs av Estline, som var ett joint venture mellan det dåvarande estniska statsrederiet Estonian Steamship Company och svenska Nordström & Thulin (läs mer om N&T i avsnittet Sverige – en stor tank- och bulksjöfartsnation).

Nordström & Thulins engagemang i färjesjöfart hade inletts då rederiet 1988 fick statens koncession för Gotlandstrafiken. 1997 återgick koncessionen till Rederi AB Gotland, i form av det nybildade dotterbolaget Destination Gotland. Gotlandsbolaget, som det kallas i folkmun, grundades 1865 och torde vara Sveriges näst äldsta rederi efter Ahlmarks i Karlstad. Trafik bedrivs på linjerna Visby-Nynäshamn och Visby-Oskarshamn med ro/pax-fartyg, kombinationsfärjor som tar både passagerare och fordon.

Gotlandsbolaget behöver knappast någonsin frukta det som drabbade kollegan Kalmarsundsbolaget – att slås ut av en bro. Den 30 september 1972 gick

Viking Sally / Estonia

Gamla Viking Sally skulle gå ett tragiskt öde till mötes. Under namnet Estonia förliste hon natten till den 28 september 1994 på resa mellan Tallinn och Stockholm. Av 989 ombordvarande omkom 852 personer, däribland 501 svenskar. Foto Bo Palmqvist / SMMs arkiv.

Kalmarsund VIII
Kalmarsund VIII är nu återbördad till hemmavattnen efter en lång sejour i Adriatiska havet.
Foto Jan Christer Lund / SMMs arkiv.

Kalmarsundsbolagets färjor sina sista reguljära turer. Samma dag invigdes den sex kilometer långa Ölandsbron (som var Europas längsta bro ända till 1998, då den 17 km långa Vasco da Gama-bron i Portugal tog över rangen). En epok var över, men arvet bevaras på Kalmar Sjöfartsmuseum. Samt i form av veteranfartyget Kalmarsund VIII. Efter finalturen hamnade hon i Kroatien – men återbördades efter 30 år till fostervattnen och njuter nu sitt otium vid Kalmarsund.

Självfallet byggdes Kalmarsund VIII på det Kalmarsundsbolaget närstående Kalmar Varv, som levererade henne 1963. Både varvet och bolaget såldes 1969 till Kihlbergs Rederi AB i Göteborg, men bolaget fick behålla namnet Ångbåts AB Kalmarsund ända till 1980. Samma år inträffade även det att varvet gick i konkurs. 1986 gjorde moderbolaget Kihlberg likaledes.

Tysklandstrafiken

Passagerartrafiken mellan Sverige och Tyskland har gamla anor, och på 1960-talet expanderade den kraftigt. Det började 1962 på linjen Trelleborg-Travemünde, där tyska TT-Line satte in bil- och passagerarfärjan Nils Holgersson. Därmed föddes även rederiets karakteristiska namnpolicy med manliga fartygsnamn från sagans och litteraturens värld. 1965 följdes Nils Holgersson av Peter Pan. Senare tillkom namn som Oliver Twist, Robin Hood, Tom Sawyer och Huckleberry Finn.

Svenska intressenter antog den tyska utmaningen. SJ inledde trafik på Malmö-Trelleborg-Travemünde med inlånat tonnage från Bonniers rederi Lion Ferry (som vid samma tid drev trafik mellan Halmstad/Varberg och Århus/Grenå, en linje som 1982 överläts till Stena). Rederi-Sveas dotterbolag Linjebuss International gjorde likaledes mellan hemmahamnen Helsingborg och Köpenhamn/Travemünde under namnet Trave Line. 1976 ingick de båda partnerskap i poolen Saga Linjen, som fem år senare slog ihop påsarna med TT-Line. 1992 sålde SJ sin del av linjen till Gotlandsbolaget, som sålde den vidare till tyskarna. Sedan dess är TT-Line åter ett heltyskt rederi. Flera av fartygen bär dock svensk flagg.

Skeendet lämnade utrymme för en ny aktör. 1986 inledde det nybildade Rederi AB Nordö-Link trafik mellan Malmö och Travemünde. Dagens Nordö är ett dotterbolag till finska Finnlines, vars namn också har blivit linjens varumärke.

Däremot har arvet efter Svenska Rederi AB Öresund förpassats till avdelningen sjöhistoria, efter en transportinsats som hade omfattat hela 1900-talet. 1905 inledde SJ-ägda Öresundsbolaget tillsammans med sin danska motsvarighet reguljär färjetrafik mellan Malmö och Köpenhamn. 1960 tillkom den mera renodlade bilfärjeleden Limhamn-Dragör. Men på senhösten 1999 gjorde m/s Felix sin allra sista tur. Skälet var Öresundsbrons stundande invigning våren 2000.

1980 ingick Sundfart och SJ:s övriga skånska färjerederier i Swedcarrier, som nu inledde ett samarbete med Rederi-Sveas nya moderbolag Johnson. Parterna bildade Scandinavian Ferry Line, men redan 1983 löste Swedcarrier ut Johnson och blev ensam ägare till SFL. 1991 samlade SJ i stället verksamheten under den nya hatten SweFerry. Samtidigt bildades Scandlines, som var SJ:s och danska DSB:s samägda bolag på HH-leden (Helsingborg-Helsingør). Scandlines blev 1997 det samlande namnet för alla tågfärjeleder i närområdet; för svensk del även de som utgår från Trelleborg. Året därpå gick danska Scandlines ihop med sin tyske motsvarighet till Scandlines AG – och 1999 blev svenska Scandlines AB en del av Stena Line, dock med bibehållet varumärke.

Dansk-tyska Scandlines AG har sålts till ett konsortium bestående av ett brittiskt finansbolag, ett tyskt försäkringsbolag samt Deutsche Seereederei i Rostock, som är arvtagaren till DDR-epokens gamla statsrederi. Scandlines kommer att påverkas av Fehmarnbältbron, som väntas börja byggas 2012 och stå färdig 2018.

Passagerarhamnen Göteborg

Som framgår av avsnittet Linjetrafikens genombrott har Svenska Lloyd en mycket lång historia, som inleddes 1868. Länge var rederiet totalt dominerande

Nils Holgersson
Nils Holgersson är ett exempel på TT-Lines karaktäristiska namnpolicy från sagornas värld. Foto Schöning & Co / SMMs arkiv.

i passagerartrafiken mellan Göteborg och London – eller snarare Tilbury, och långt senare Hull. Så kom Tor Line in i bilden 1966 och skulle visa sig vara en segerrik konkurrent. Krisåret 1977 avfördes Svenska Lloyd som rederinamn. Då hade rederiet i fem år varit en del av Broströmskoncernen.

Numera danskägda Tor Lines arvtagare på passagerarsidan, DFDS Seaways, upphörde i november 2006 med färjetrafik mellan Göteborg och England (Newcastle via norska Kristiansand Syd). En epok gick i graven.

1970-talets oljekris råkade sammanfalla med fördyrade besättningskostnader till följd av den nya sjömanslagen 1973 och vad som har betecknats som ett rekordavtal på Sjöfolksförbundets område 1974. För att kunna driva de klassiska fartygen Kungsholm och Gripsholm vidare ville Svenska Amerika Linien införa internationell bemanning inom intendenturen, en praxis som nu dominerade inom den internationella kryssningssjöfarten. Sjöfolksförbundet sade nej. 1975 såldes de flytande palatsen ut och Sverige var borta från den internationella kryssningssjöfarten.

I Förbund på sju hav 3 luftas eftertänksamhet från förbundets sida. Som en bidragande orsak till ställningstagandet nämns att facket hade bristande kunskaper om och insyn i rederiernas ekonomi. Förbundets dilemma i sakfrågan – förutom att SAL:s krav då betraktades som oerhört svårsmält rent principiellt – var att uppemot 600 medlemmar tjänstgjorde på de båda fartygen, däribland många trotjänare som hade arbetat ombord i 20-30 år. Nu fick de ändå gå.

Gripsholm hamnade allra först i grekisk ägo och seglade på medelhavskryssningar under namnet Navarino. Efter mångskiftande öden hade hon lagom till millennieskiftet seglat färdigt. Det fanns planer på att ta hem henne till Sverige, som casinofartyg i Göteborg eller flytande hotell i Stockholm. I stället såldes hon till upphuggare i Indien. Under bogsering dit lurade hon dem genom att den 12 juli 2001 låta sig uppslukas av sitt rätta element i de stormpiskade farvattnen utanför Sydafrika.

Kungsholm hamnade först hos Flagship Cruises. Via flera ägar- och namnskiften gick hon 2002 till Leonardo Shipping och döptes till Mona Lisa. 2007 tycktes hon gå mot en ny vår, omdöpt till Oceanic II och försedd med

”artistnamnet” The Scholar Ship (”Forskarskeppet”). Projektet med seglande forskarstudenter stöddes av sju internationella lärosäten med amerikanska UCLA i spetsen. Men det bar sig ändå inte, och fartyget heter nu åter Mona Lisa. Det finns avancerade planer på att köpa damen och slutgiltigt ta hem henne till Göteborg. Där är det också tänkt att hon skall få tillbaka sin klassiska skönhet. Skorstenens ursprungliga utseende skall återställas och den förliga skorstensattrappen liksom aktermasten återskapas.

Fenomenet Stena Line

Stena Line betraktas allmänt som ett Göteborgsrederi, även om Stena-sagan inleddes på Donsö i Göteborgs södra skärgård. Men egentligen har rederiet vuxit ur Göteborgskostymen för länge sedan. Stena är ett världsledande färjerederi

som driver färjetrafik på ett dussintal andra trader än Göteborg-Frederikshavn; inte minst Irländska sjön och södra Nordsjön. Viktiga i vårt närområde är Varberg-Grenå, Karlskrona-Gdynia, Oslo-Frederikshavn samt – via helägda Scandlines AB – HH-leden och Trelleborg-Tyskland.

På lilla Donsö föds gossebarnen praktiskt taget med sjöben. Det gällde inte skutskepparsonen Sten Allan Olsson, som visade sig lida av sjösjuka. I stället satsade han på affärer. 1939 bildade han ett handelsbolag, som handlade med skrot. Den varan steg i värde till följd av kriget, och på den vägen är det. Det som i dag heter Stena Metall är koncernens ursprung och dessutom den största enskilda verksamheten. En annan omfattande verksamhet är Stena Fastigheter. Ytterligare en gren på Stenaträdet är Stena Drilling, som opererar en omfattande offshoreverksamhet i alla världsdelar utom Australien.

Navarino
Stolta Gripsholm hamnade på Medelhavskryssningar under namnet Navarino. Långt senare fanns planer på att ta hem henne till Sverige, som casinofartyg i Göteborg eller flytande hotell i Stockholm. I stället såldes hon till upphuggare i Indien. Under bogsering dit lurade hon dem genom att låta sig uppslukas av sitt rätta element i de stormpiskade farvattnen utanför Sydafrika.
Foto Terje Fredh / SMMs arkiv.

1946 köpte Sten A Olsson sitt första fartyg, den lilla torrlastaren Dan. Hon följdes av fler äldre småfartyg, men ännu handlade det mer om köp-och-sälj än om långsiktig rederiverksamhet.

Något år in på 1960-talet var tiden mogen. Skagenlinjen Rederi AB bildades, det embryo som skulle gro till världens största färjerederi. Många äldre göteborgare minns den kortlivade Læsølinjen. Östtyska Seebad Warnemünde chartrades 1964 och de två följande åren och sattes in på traden Göteborg-Vesterøhavn. Hon tog endast runt 300 passagerare som fick färdas i åtta knop. De njöt i fulla drag av sjöluft och taxfree-priser och hade ingen brådska. Här befästes dagskryssningen som affärsidé.

Seebad Warnemünde var ändå bara ett av ett dussin fartyg som passerade revy under sextiotalets trial and error-år. Hälften av dem ägdes av Skagenlinjen eller andra Stenabolag medan den andra hälften chartrades in. Det var en tid av provkörning på olika linjer, däribland Göteborg-Skagen. Men 1966 fastnade man för Göteborg-Fredrikshavn. I samma veva skiftades bolagsnamnet Skagenlinjen Rederi AB mot Stena Line.

1965 var tiden mogen för den första Stena Danica, ett splitter nytt franskbygge som tog tusen passagerare och 129 bilar. Rederiet är inne på sin fjärde Stena Danica, ytterligare ett franskbygge som tar 2 300 passagerare och 630 bilar. Hon har varit trotjänare på linjen Göteborg-Frederikshavn ända sedan dopet 1983.

1981 hade Stena köpt upp Göteborg-Fredrikshavn Linjen alias Sessanlinjen, som inte bara till namnet hade ansetts vara lite ”finare” än konkurrenten. Överhuvud taget tycks man ha sett ”uppkomlingen” Stena lite över axeln inom den göteborgska redarsociteteten. Det gör ingen längre. Sten A Olsson är invald som medlem i ärevördiga Bachelors Club, som råkar hålla till i den gamla broströmska patriciervillan i Lorensbergs villastad. Han är en flitig mecenat, via Sten A Olssons Stiftelse för Forskning och Kultur.

Sonen Dan Sten Olsson har hedrats med kunglig medalj i Serafimerordens band. Göteborgs Fartygs-Befälhavare Förening har utnämnt honom till hederskapten och Göta Älvklubben till årets sjöfartsprofil. World Travel Awards har utsett Stena Line till världens bästa färjerederi.

Stena Line – dagskryssningen som affärsidé. Foto Torbjörn Dalnäs.

Stella Polaris

Stella Polaris – "Havens Drottning" – vid sin japanska brygga. Nu vilar hon på havets botten. Foto Torbjörn Dalnäs.

Men vem – om inte Stena – skulle komma på idén att bygga fartyg i den wienerska förorten Korneuburg, mitt inne i den centraleuropeiska landmassan och på maximalt avstånd från deras rätta element? Det skedde 1976–77 med lastfärjorna Stena Tender, Stena Topper och Stena Timer. De byggdes på Österreichische Schiffswerften och skulle gå mångskiftande öden till mötes. Till att börja med handlade det om att nå det trygga havet. För att gå fria för Donaus många broar bogserades skroven ned till mynningen medan deras överbyggnader fraktades samma väg på pråmar.

Ett av dem, Stena Topper, skulle göra svensk karriär som Nord Neptunus. Åren 1991–97 växlade hon mellan Nynäshamn-Visby-Oskarshamn, Stockholm-Tallinn och ett par andra trader. 2008 ljöt hon skrotdöden i Turkiet efter att på ålderns höst ha pendlat mellan de västindiska EU-utposterna Guadeloupe och Martinique.

Under några år hade Stena en fot inne i ett av världens mest ansedda rederier, brittiska Peninsular & Oriental Steam Navigation Company.

P&O:s anor leder ända tillbaka till 1822, då en föregångare startade trafik mellan England och Iberiska halvön – därav rederinamnets Peninsular. 1835 utvidgades den till reguljär linjetrafik mellan London i ena änden och Vigo, Oporto, Lissabon och Cadiz i den andra. Alltsedan dess har bolaget sin karaktäristiska rederiflagg (fyra diagonalt skurna ”tårtbitar”, som på signalflagg Z), med de spanska färgerna gult och rött samt Portugals dåvarande färger blått och vitt. 1837 fick Peninsular Steam Navigation Company uppdrag av marindepartementet att förmedla post på linjen. Tre år senare utsträcktes uppdraget till att även omfatta Alexandria i Egypten, där britterna just visade sina muskler – därav rederinamnets tillägg Oriental.

1987 tog P&O över European Ferries, som körde färjor över Kanalen. 1988 gick P&O European Ferries ihop med en pigg svensk uppstickare i dessa brittiska hemmavatten, within the four seas. P&O Stena Line föddes, med en kombination av detta namn samt bådas rederiflaggor som logotyp. Äktenskapet varade bara till 2002, då P&O köpte tillbaka Stenas andel. Men logotypen lever kvar långt borta i Singapore, där P&O och Stena-bolaget Northern Marine Management har joint venture-företaget Austen Maritime Services.

Sedan 2006 ägs den brittiska kronjuvelen P&O av det emirägda Dubai World Ports.

Havens Drottning

Hösten 2002 publicerade tidskriften Utkik ett reportage om ärevördiga Stella Polaris, världens första specialbyggda kryssningsfartyg. Rubriken löd "Än flyter Havens Drottning". Det som stämde då fick ett abrupt slut fyra år senare.

Före detta norska och svenska Stella Polaris kom till sitt nya hemland Japan i december 1969. Efter en grundlig varvsöversyn bredde hon i början av 1970 ut sina 136 meter långa behag i den lilla byn Kisho Nishiura vid Surugabukten sydväst om Yokohama, i skuggan av Fujiberget. Där låg hon i 36 år – utan en enda dockning på varv!

Länge kallades hon Floating Hotel Scandinavia. Gäster kom från när och fjärran för att gifta sig eller bara smaka på lyxen i en miljö av mahogny, asiatisk björk och högklassig konst. Men så brast den japanska bubbelekonomin och ruljansen ombord på gamla Stella började gå alltmer knackigt.

I den vackra försalongen exponerades ett norskt tidningurklipp från 1999: Unike glassarbeiter gjenfunnet i Japan! Och visst var de unika; Polstjärnan under däck (försalongens "innertak"), den svenska kungaparaden i gången till stora matsalen, liksom ytterventilerna med mångskiftande motiv och mycket därtill. Stella Polaris – ett flytande konstmuseum och ett unikt stycke skandinavisk sjöfarts- och varvshistoria; världens första specialbyggda kryssningsfartyg, byggt på Götaverken 1927 för Det Bergenske Dampskibselskab och svenskflaggat 1951–69 för Rederi AB Clipper.

Hösten 2006 befann sig Stella Polaris under bogsering mot Shanghai för att genomgå en välbehövlig överhalning. En svensk hade köpt Stella i det vällovliga syftet att låta henne komma hem. Men skrovet klarade inte mötet med havet. Den 2 september klockan 0200 lokal tid sjönk hon utanför fiskebyn Kushimoto på sydspetsen av Kii-halvön, som skjuter ut i Stilla havet mellan hamnarna Nagoya och Osaka.

Vackra Stella vilar nu på 70 meters djup utanför Tidvattnets udde, som smeks av den varma Kuroshioströmmen. Farvattnens rika fiskstim har fått ett i dubbel mening konst-gjort rev att leka i.

Saléninhopp i branschen

Även Salénrederierna har ägnat sig åt passagerarfartyg, om än i begränsad skala. Strax efter andra världskriget tog rederiet över ett amerikanskt Libertyfartyg som döptes om till Anna Salén och byggdes om till emigrantfartyg på Australienfarten. Genom övertagandet av Rederi AB Rex 1967 fick Salén på köpet även Tor Line in i boet.

I början av 1980-talet satsade Salén på ett slags kombinerad eko- och äventyrsturism i antarktiska farvatten. Det skedde i samarbete med en till USA utflyttad researrangör, stockholmaren Lars-Eric Lindblad. För ändamålet införskaffades gamla Öresund (1960), som fick heta Lindblad Polaris, samt det strax innan färdigställda fartyget Lindblad Explorer. Båda sattes in på exklusiva polarkryssningar. Efter Salénkonkursen 1984 gick fartygen skiftande öden till mötes. Gamlingen är still going strong och lär segla på Galapagosöarna under ecuadoriansk flagg och namnet National Geographic Polaris.

De exotiska rederinamnen har växlat under årens lopp, men Explorer – som hon hette sedan 1992 – tycks ha seglat med svenskt seniorbefäl ända till the bitter end. Den 23 november 2007 mötte hon sitt öde utanför Antarktiska halvön, sannolikt i form av ett isberg under vattenytan. Fartyget sjönk på 1 400 meters djup. Innan så skedde hade Mayday sänts och passagerare och besättning evakuerats i god ordning. ■

Storm över Öresund. Foto Torbjörn Dalnäs.

1970-tal. Göteborgs hamn – Göta Älv. Foto Kamerareportage.

10

Sverige – en stor tank- och bulksjöfartsnation

För Stenakoncernen är sjöfart långt ifrån enbart färjor. Helägda Stena Bulk och dess börsnoterade systerbolag Concordia Maritime, där Stenasfären är majoritetsägare, är betydelsefulla aktörer i de globala transporterna av råolja och oljeprodukter. Stena Bulk ingår tillsammans med Stena RoRo i Stena Rederi. Koncernens flotta består totalt av ett hundratal fartyg.

10 Sverige – en stor tank- och bulksjöfartsnation

2005 begåvades den svenskflaggade handelsflottan åter, efter ett mycket långt uppehåll, med en stor råoljetanker. Stena Bulks 117.000-tonnare Stena Arctica löpte ut från varvet i Ulsan som världens största isklassade tankfartyg, med klass 1A Super. Det innebär att hon skall kunna forcera metertjock is för egen maskin, utan isbrytarassistans. Det kan behövas, med Primorsk (ex-finska Koivisto) längst in i den vintertid bistra Finska Viken som stadig lastningshamn.

Stena Arctica mäter 250 x 44 meter och är därmed stor som två fotbollsplaner. Bara propellern är 7,4 meter i diameter och väger 34 ton! Hela skrovet är dubbelt. Fartygstypen kallas Stena Ice-Aframax och har framtagits för att erbjuda säkra oljetransporter i den känsliga Östersjön, oberoende av årstid. Östersjöns drottning i havets djup bejakar alldeles säkert att det sker i maximalt säkra och miljöanpassade fartyg.

Så småningom fick fartyget finska Neste som hälftenägare. Efter drygt två år som svenskflaggad går hon under finsk flagg mellan Primorsk och finländska Borgå.

Tanksjöfartens historia

Kunskapen om att bergolja – petroleum – går att bränna har funnits i tusentals år. Men det var först sedan en kanadensisk kemist år 1852 lyckats förädla oljan till fotogen som man började ana att det skulle bli en allmänt efterfrågad produkt. För belysningsändamål i industrialismens växande städer var den vida överlägsen sina föregångare, såsom valtran, rovolja och sillolja.

I likhet med vin och andra åtrådda vätskor transporterades inledningsvis fotogen och råolja över haven på ekfat. Den maritima traditionen hade gjort engelska tun ("tunna") till ett rymdmått. Tunnage gav den språkliga bakgrunden till det vi i dag kallar tonnage, med syftning på fartygets så kallade dräktighet, mätt i registerton. Dräktigheten – rymden av fartygets slutna rum – syftade ursprungligen på det antal vinfat som rymdes i lastrummet. Den nya våtvarans fat kom däremot att kallas barrel, vilket har blivit branschens internationellt etablerade rymdmåttenhet vid prissättning av olja.

1861 fraktade briggen Elizabeth Watts en last bestående av 1.329 fat petroleum över Atlanten. Det anses ha varit den första transoceana oljetransporten. Andra följde efter.

Ungefär tio år senare fick kaptenen på ett belgiskt ångfartyg en snilleblixt. Varför inte frakta olja eller fotogen i bulk ("lös vikt"), direkt i skrovet? Red Star Line i Antwerpen lät bygga vad som har kallats världens första oljetanker, s/s Vaderland. 1873 skulle hon sättas in på linjen Antwerpen-New York. Problemet var att hon även skulle gå med passagerare. Kombinationen ansågs vara föga lämplig ur säkerhetssynpunkt. Vaderland lär ha fått nyttjandeförbud innan hon hann tas i bruk. I stället byggdes hon om till styckegodsfartyg.

Därmed kan å ena sidan Norge och å den andra Sverige, Ryssland och dagens Azerbajdzjan kivas om vem som bär arvet efter världens första riktiga tankfartyg i aktiv trafik. På Nøtterøy i Oslofjorden finns ett minnesmärke över sjökapten Even Tollefsen, med påskriften "TANKSKIPETS OPFINNER". 1877-78 lät han, med redarens goda minne, bygga om barken Lindesnæs för frakt av råolja i bulk.

Stena Bulk
naBulk
RÖDA BOLAGET

Stena Arctica

Stena Bulks 117 000-tonnare Stena Arctica löpte ut från varvet i Ulsan som världens största isklassade tankfartyg, med klass 1A Super. Det innebär att hon skall kunna forcera metertjock is för egen maskin, utan isbrytarassistans. Foto Terje Fredh / SMMs arkiv.

På Motala Varf i Norrköping sjösattes våren 1878 s/s Zoroaster, vars namn är en grekisk form av de persiska eldsdyrkarnas gud Zarathustra. Beställare var Bakus oljekungar, bröderna Robert och Ludvig Nobel som hade anor från Östra Nubbelöv på Österlen. (Deras lillebror Alfred var en sprängläard kemist, som hade återvänt till Sverige och fått patent på sin uppfinning dynamit.) 250-tonnaren Zoroaster hade redan på ritningsstadiet anpassats till det kanalsystem med slussar som förbinder Finska Viken med Volga och Kaspiska havet. Dit ankom hon i maj 1878 och blev en sådan framgång att bröderna snart beställde ytterligare två tankfartyg. Inom några år hade de ett dussintal "cisternfartyg", som flytetygen lär ha kallats. Brödernas oljebolag i Baku, Branobel, stod nu för en ansenlig del av världens samlade oljeproduktion.

Den svenskbyggda och svenskägda men ryskflaggade Zoroaster, med azeriska Baku som hemmahamn, brukar räknas som världens första specialbyggda oljetankfartyg i aktiv trafik.

Dock finns det också uppgifter om fullriggaren Ramsay, som skall ha sjösatts på engelskt varv redan 1863 med oljetankar eller "cisterner" installerade ombord. På jungfruresan tog hon emigranter från Liverpool till New York och tillbaka till England petroleum i bulk, vilket dock aldrig lär ha upprepats. Hon var således på sin höjd en dagslända i tankerbranschen.

1871 lär den tyske redaren W.A. Riedemann ha låtit bygga om sin fullriggare Andromeda till tankfartyg, med 72 tankar installerade.

Somliga hävdar att samme Riedemanns nybygge s/s Glückauf var det första renodlade tankfartyget, med hänvisning till skeppsbyggnadstekniska likheter med senare kollegor. Hur som helst såg hon dagens ljus först 1886.

1920 nådde ryska revolutionen fram till Baku. Därmed var oljesagan Nobel vid Kaspiska havet all.

Men 2004 kunde lite av historiens vingslag förnimmas. Då undertecknade Stena Bulk ett intentionsavtal med det ryska oljebolaget Transpetrol om oljetransporter på Kaspiska havet med nybyggda mindre fartyg, anpassade för Rysslands inre vattenvägar.

Första motortankern

Transatlantics m/t Oljaren som lämnade Götaverken 1922 blev det första i en lång rad allt större svenskflaggade motortankfartyg, som skulle passera revy under drygt ett halvt sekel. Många svenska rederier gjorde som Transatlantic och diversifierade sina flottor till att även omfatta tankfartyg.

En del redare specialiserade sig på oljetransporter. Till dem hörde norrmannen Haakon Onstad, som kan illustrera stortankgenerationens uppgång och fall i Sverige. 1931 tog han över sitt första fartyg, svenskflaggade m/t Pan Gothia. Eftersom de gamla ägarna hade kvar andelar fick hon behålla sin svenska flagg.

När Nazi-Tyskland ockuperade Norge 1940 tog sig Haakon Onstad över till Sverige och slog sig ned i Kungsbacka. Utöver det redan existerande Rederi AB Pagota bildade han i rask takt även Rederi AB Kungsoil och Rederi AB Monacus, som tillsammans kom att kallas Onstadrederierna. I samma företagsgrupp ingick Munkedals Bruk i Bohuslän.

Den 5 juni 1967 stängdes och blockerades Suezkanalen, i samband med det som kom att kallas sexdagarskriget mellan Israel och dess grannar. Kanalen skulle förbli stängd ända till den 10 april 1975 (se avsnittet Ångan åter på topp i linjesjöfarten). Tankfartygen tvingades i stället ta sig runt Godahoppsudden och behövde inte längre vara måttbeställda för Suezmax-gränsen, som då var betydligt mindre än dagens cirka 130.000 dödviktston. Det bidrog till att allt större enheter beställdes och byggdes. Råoljetankers var förhållandevis okomplicerade att bygga, oavsett storlek. Japanska och sydkoreanska varv lockade med förmånliga kontrakt. Nybyggnadskostnaden för en supertanker kunde tjänas in på några enstaka resor. Marknaden fick glädjefnatt. Snart handlade det om en okontrollerad global överproduktion av supertankers. Det ledde till en långvarig fraktnedgång. Samtidigt började en förödande varvskris göra sig gällande i den länge världsledande varvsnationen Sverige.

Även Onstad lät bygga allt större fartyg, med den tidens världsetta Nanny på 499.000 dödviktston som grande finale. Hon beställdes hösten 1973, samtidigt som en världsomspännande oljekris bröt ut till följd av oktoberkriget i Mellanöstern. För Sveriges del ledde oljekrisen till stagflation, ett svårhanterligt samhällstillstånd då både inflationen och arbetslösheten ökade dramatiskt. När kolossen Nanny lämnade Uddevallavarvet i november 1978 hade beställaren Monacus redan knäckts av sina bördor. Därför stod Munkedals Bruk nu som ägare till 75 procent av fartyget, medan varvet självt fick stå för 25 procent.

Tidpunkten visade sig vara illa vald. I bohuslänska fjordar, i Walvis Bay och på många andra håll i världen låg nu oräkneliga tankfartyg upplagda till följd av krisen.

Tankrederier försökte desperat omförhandla och avbeställa sina nybyggnadskontrakt. En del seglade i kvav. Salénkoncernens undergång den 19 december 1984 blev den största enskilda konkursen i Sverige under hela 1900-talet.

Statliga nödlösningar som Svenska Varv AB och Rederi AB Zenit trädde in på scenen. Öresundsvarvet i Landskrona levererade sitt sista nybygge 1982, Uddevallavarvet sitt sista 1986. Snart följdes de i graven av övriga svenska storvarv.

Många maritima storheter klev av scenen och blev sjöhistoria. Onstadrederiernas historia speglas på Båt & Sjöfartsmuseet i Onsala utanför Kungsbacka.

Stortankcentrum Stockholm

I svallvågorna efter Salénkonkursen blev Stockholm paradoxalt nog något av en världsledande oljetankermetropol. Inom det kraschade rederiet fanns en mycket gedigen kunskap om tankmarknaden. Den operativa verksamheten kunde bedrivas vidare och expandera i nya former och med nytt ägande. Stortankrederier som Argonaut, Frontline och ICB Shipping och det på stortank specialiserade mäkleriet Stockholm Chartering var alla sprungna ur Salénkoncernen. Därtill kom det anrika shippingföretaget Nordström & Thulin, vars rötter leder ända tillbaka till 1850. Deras stora tankfartyg kom knappast någonsin i närheten av Stockholm, som icke desto mindre var en metropol inom branschen.

Fram till mitten av 1980-talet var N&T i huvudsak ett skeppsmäkleri med ett begränsat fartygsägande under vissa perioder. Det dittillsvarande familjeföretaget hade just fått nya ägare; däribland den nye verkställande direktören

Barcarolle

Laurins dansanta Barcarolle. Foto Laurin Maritime.

Ronald Bergman, som hade en gedigen erfarenhet från bolagets befraktningsavdelning. N&T omvandlades till ett genuint rederi. Man började nu intressera sig för tankmarknaden, som hade hunnit återhämta sig efter krisåren. Nybyggen beställdes.

I början av 1990-talet blev rederiets tankerengagemang allt tydligare. Ett samarbete med norska Jahre ledde till att N&T-flottan utökades med ett halvdussin moderna tankfartyg. Vid samma tid köpte N&T en majoritetspost i Salén-avknoppningen Argonaut som under några år hade innehafts av Walleniusrederierna. N&T Argonaut var nu en mycket betydelsefull aktör i den stockholmska och globala tankersjöfarten, utöver rederiets engagemang i andra nischer. Dit hörde passagerarsjöfart i form av en tioårig koncession för Gotlandstrafiken 1988-97 och hälftenägarskap i den nybildade färjelinjen Estline 1990, med Estonia-katastrofen 1994 som en tragisk slutpunkt (se avsnittet Passagerartrafik i när och fjärran).

Allting har en ände, så även Stockholms roll som stortankmetropol. 1996 tog den norske stortankredaren John Fredriksen över Frontline och slog ihop rederiet med andra under Frontline's inarbetade varumärke. Ett par år senare tog han även över ICB; en akronym som syftar på grundarnas förnamn: Ingvar Mjörnefelt, Clarence Dybeck och Björn Andrén, alla tre gamla "salénare".

Den välkände shippingmannen Clarence Dybeck köpte loss fyra av ICB-fartygen och bildade tillsammans med den grekiske redaren John Angelicoussis det – som det skulle visa sig – mycket framgångsrika rederiet ACOL Tankers. Men då låg inte längre Stockholm i händelsernas centrum.

Vid millennieskiftet blev 150-åriga Nordström & Thulin sjöhistoria, som därför speglas i Sjöhistoriska Museets skrift Nordström & Thulin 1850-2000. Den ingifte österrikiske arvingen till Hongkong-baserade World-Wide Shipping Group, Helmut Sohmen, tog över rodret. N&T Argonaut avvecklades i Sverige och integrerades i World-Wide, som länge var världens i särklass största tankerrederi och fortfarande befinner sig i den absoluta toppen. World-Wide grundades 1955 av Sohmens svärfar, Yue-Kong "Y.K." Pao. 2003 köpte World-Wide även upp norska Bergesen. Koncernen kallas numera BW Group.

Betydande tankernation

Stena Bulk och Concordia Maritime är långt ifrån ensamma aktörer på dagens svenska tankerscen. Tvärtom är Sverige en betydande sjöfartsnation när det gäller produkttankers, även under svensk flagg. Det hänger delvis samman med att vi har en stor raffinaderikapacitet och en ansenlig export av oljeprodukter.

Här finns Donsörederierna, vars framgångar i branschen befästes under 1930-talet. Förbränningsmotorer blev allt vanligare. När det periodvis blev svackor i fisket tog sig Donsöfiskarna till Köpenhamn. Där köpte de fat med diesel och fotogen, som fraktades till Göteborg och såldes med god förtjänst. En del lär ha byggt in permanenta tankar för att öka lastvolymen. Därifrån var inte steget långt till att bygga riktiga tankfartyg, vilket skedde efter andra världskriget (se avsnittet Donsö- och Skärhamnsandan).

Här finns arvet efter bröderna Lars och Vilgot Johansson, som under glansdagarna kallades ”Tjörns Onassis”. Skärhamns Oljetransporter växte till OT-gruppen med AB Malaga som moderbolag; uppkallat efter Lars Johans-

Tintomara
Tintomara – ytterligare ett av Laurins exotiska dansnamn. Foto Laurin Maritime.

sons favoritresmål på Solkusten där också bolaget bildades. Så slog oljekris och annat elände till. Ur askan efter storkonkursen 1982 reste sig AB Shipinvest. Nu tog Shipinvest över flertalet av den kraschade koncernens fartyg, vilka ägdes av partrederier och ej omfattades av konkursen. 1992 köptes det i praktiken avsomnade Broströms Rederi AB. Shipinvest skiftade nu namn till Broström. Redan 1990 hade man bildat United Tankers tillsammans med samarbetspartnern Erik Thun i Lidköping. United Tankers är numera ett helägt dotterbolag till Broström, som är störst i Europa på produkt- och kemikalietanksjöfart och tillhör de ledande i världen inom dessa segment. Broström har flyttat sina ledande funktioner till Östra Hamngatan 7 Göteborg, där huvudingångens portal avslöjar att det är Johnson Line's gamla göteborgskontor.

Sedan hösten 2008 ingår rederiet i sin tur – med oförändrat namn – i den mäktiga danska Mærsk-koncernen, rentav med utökad flotta. Alla koncernens tankfartyg upp till 25.000 dödviktston hamnar inom Broström medan de därutöver hamnar inom Mærsk Tankers. Totalt rör det sig om cirka 300 fartyg.

Kvar i sjöfartsmetropolen Skärhamn finns tankeraktören Tarbit Shipping, som tillhör de ledande på asfalttankers i Europa.

Det fram till slutet av 1980-talet Johnson-ägda Nynäs Petroleum opererar två specialfartyg för bitumen, som är en sorts asfalt. Alcedo och Pandion, som de heter efter de vetenskapliga namnen på kungsfiskaren respektive fiskgjusen, ägs av Frederiet AB på Ingarö och bemannas av Broström Ship Management. Dagens internationella Nynas ägs till lika delar av finska Neste och Petróleos de Venezuela.

Bland andra aktörer under svensk flagg märks Wisby Tankers, Rederi AB Väderö Tank och STOC Tankers. Stockholmsrederiet SRAB Shipping (som ursprungligen hette Söderköpings Rederi AB) är stort inom produkt- och kemikalietanksjöfart, men dess fartyg seglar under andra flaggor.

Det gäller även Laurin Maritime som har kontor i Göteborg, London, Houston och Manila. Laurin är en betydande arbetsgivare för svenska seniorbefäl. Bolaget driver ett dussintal kombinerade olje- och kemikalietankers, varav de flesta mäter 44.999 dödviktston och är byggda 1996-2004. Alla bär vackra namn efter exotiska danser, såsom Bolero, Barcarolle, Tarantella, Tintomara och Tambourin.

Mindre känt är att familjeföretaget, som grundades 1980, också donerar ansenliga medel till Läkare utan gränser och SOS Barnbyar. Eftersom många av rederiets sjöanställda är filippinare ville Laurin göra något i deras hemland. Stöd går till en barnby i södra Stor-Manila, med förhoppningen att barnen skall stimuleras till att satsa på sjömansbanan.

Under perioden 1959-91 passerade tre udda tankfartyg revy i det svenska skeppsregistret. Först ut var Vinia, som byggdes på Sölvesborgs Varv och försågs med glasemaljerade ståltankar. Hon skulle nämligen frakta Medelhavets vin i bulk till AB Vin & Sprits anläggning i Årstadalshamnen i Stockholm. 1966 respektive 1969 kompletterades hon av de betydligt större norskbyggena Vinlandia och Vindemia. Trion drevs av Svenska Lloyd till 1977, då gamla Broströms tog över. I tur och ordning skingrades de för vinden 1979, 1985 respektive 1991. Sedan dess nås vi av druvans ädla saft på helt andra vägar.

Världens tankfartygstransporter miljöanpassas och görs säkrare. Ett exempel är att tankfartyg med enkelskrov fasas ut senast år 2010. De som ligger långt framme i miljöanpassning och säkerhetstänkande anses ha en klar konkurrensfördel. Den svenska tanksjöfarten är en föregångare.

Bulksjöfartens svenska storhetstid

Bulksjöfart är egentligen en allmän term för transporter av massgods i ”lös vikt”, även petroleumprodukter. Bulk carriers syftar däremot på fartyg som fraktar torrbulk – kol, järnmalm, fosfat, bauxit eller spannmål. Sågat virke och förädlade skogsprodukter räknas också dit.

Företeelsen är inget efterkrigsfenomen. Brittiska kollastaren s/s John Bowes sjösattes redan 1852 och brukar räknas som det första bulkfartyget. Men först hundra år senare skulle fartygstypen få sin stora betydelse i det globala handelsflödet.

I den svenskflaggade handelsflottan finns ett trettiotal bulk- eller torrlastfartyg, mestadels äldre småtonnage i närtrafik. Ett av dem – Donsötanks nybygge Credo – ryms emellertid inom branschens begrepp handysize, bulkfartyg mellan 20 000 och 40 000 dödviktston.

Sverige har långt ifrån alltid varit så blygsam som bulksjöfartsnation. När de renodlade, enkeldäckade bulkfartygen introducerades i världshandelsflottan på 1950-talet var Grängesbergsbolaget och dess närstående samarbetspartner Nordström & Thulin pionjärer. I december 1955 tog Gränges leverans av m/s Abisko på 13 000 dödviktston, det första av sammanlagt nio moderna bulkfartyg som byggdes på Götaverken. Hack i häl kom Nordström & Thulins 20 000-tonnare Cassiopeia, byggd på Kockums 1956. Även hon följdes av systerfartyg, anpassade till slussarna längs Saint Lawrence Seaway. Nya handelsmönster föddes – exempelvis stål till Chicago och Detroit och spannmål tillbaka till Europa. De båda svenska rederiernas nybyggen var världens första moderna bulkfartyg.

Ett tiotal år senare var det dags för bulkfartyg av Panamax-mått, ungefär 40 000 till 80 000 dödviktston och skrovdimensioner för passage genom Panamakanalen. 1972 sjösattes exempelvis Nordström & Thulins nya Cassiopeia i

Tarantella

Tarantella ägs av familjeföretaget Laurin Maritime. Bolaget grundades 1980 och driver ett dussintal kombinerade olje- och kemikalietankers. Foto Laurin Maritime.

Rijeka, nu god för 68 000 dödviktston. Nya marknader öppnades. Det kunde röra sig om kol från USA:s ostkust eller spannmål från US Gulf till Japan, och malm från Chile tillbaka till USA:s ostkust.

Nästa steg i utvecklingen blev s k Capesize-fartyg, ännu större bulklastare som var för stora för Suezkanalen och därför rundade Afrikas sydspets. Ett exempel är Korea-bygget Nord Atlantic, som sjösattes 1983 och gick för N&T 1984-93. Hon mäter 149.864 dödviktston och är 280 meter lång! Efter ett kvarts sekel är hon fortfarande kvar i aktiv trafik, numera som Hedwig Oldendorff.

Här kan man verkligen tala om global trampfart – exempelvis kol från Australien till Europa, en ballastresa till Brasilien, därifrån malm till Japan och sedan i ballast till Australien och åter till Japan med kol eller malm i lastrummen. Ballastresor var svåra att undvika, framför allt efter lossning i nyckellandet Japan. Det framfödde idéer till olika slags kombinationsfartyg.

Även Wallenius, Salén, Gorthon, Broströms och flera andra svenska rederier satsade på bulkfartyg. När Wallenius tog leverans av Gdynia-byggena Aida och Otello 1973-74 var de designade till car/bulk carriers, bulkfartyg med tre stora "garage" placerade på väderdäck med plats för 3.500 fordon. Experimentet varade 1970-talet ut, varpå de byggdes om till renodlade fordonstransportfartyg.

Ett annat exempel är det flexibla OBO-fartyget (ore-bulk-oil), som kan ta både flytande och fasta bulklaster. Det inslaget i världshandelsflottan minskar emellertid. Fartygen anses vara komplicerade och inte lika kostnadseffektiva som de rena bulkfartygen.

Bulksjöfartens viktigaste godsslag är järnmalm. Den svenska malmen är oförändrat betydelsefull, även om Australien och Brasilien numera dominerar den globala järnmalmsexporten. I decennier gick en betydande del av flödet på svenska kölar, men så är det inte längre. Gränges Shipping försvann från scenen i slutet av 1970-talet. Ett flertal andra svenska bulkoperatörer gjorde likaledes. Dagens bulksjöfart domineras av grekiska, japanska och kinesiska rederier, med Panama som det ledande flagglandet. ■

Broschyr från Salénrederierna / SMMs arkiv.

11

Sorti från scenen

Vem minns Swedish Gulf Line? Rederinamnet och fartygsnamn som Frances Salman klingar nog bekant för alla som seglade till sjöss under 1900-talets tredje kvartssekel, storhetstiden. Om inte annat hade sjömännen hört dem under utropen på Sjömansförmedlingen. Dessutom talades det mycket runt mässborden om hur det var i olika rederier och fartyg som man hade seglat i.

11 Sorti från scenen

Swedish Gulf Line kom till i Uddevalla 1955, som ett slags systerrederi till Canadian Gulf Line i Houston. Detta rederi grundades 1937 av William Salman, som var av ryskjudisk härkomst och hade lämnat sitt gamla hemland på grund av antisemitisk förföljelse. Rederiet och dess svenska avläggare var specialiserade på transport av tidningspapper. Under den maritima massdödens 1970-tal sögs Swedish Gulf Line upp i Kihlbergskoncernen, som själv gick i konkurs 1986. Numera är Swedish Gulf Line blott ett vilande bolagsnamn, ägt av Skanse Shipping i Skärhamn.

Kihlship och Swedish Gulf Line är bara två i en lång rad rederier som lämnade scenen under det fjärde kvartsseklet. Andra på sin tid välkända rederinamn, som i dag endast lever kvar i minnet hos dem som var med, är Dalen & Fraternitas i Göteborg med fartyg som m/s Aleppo och m/s Stove Friend, Rederi AB Bifrost i Göteborg vars sista fartyg var m/s Jarl R Trapp, samt Perl Shipping i Landskrona med m/t Stolt Crown och m/t Stolt Castle.

Som vi har sett gick världscelebriteter som Johnson Line, gamla Transatlantic, gamla Broströms samt Salénrederierna samma väg. Dessförinnan hade Thordén Lines, Transoil och Bratt-Götha gått upp i Rex, som i sin tur gick upp i Salén innan bilan föll. Med i fallet följde även arvet efter Brodin, som tillsammans med Rex hade utgjort grundstommen i bulkrederiet Salén Dry Cargo.

1939 bildade KF tillsammans med Stockholms Rederi AB Svea embryot till det som skulle bli folkrörelseägda OK:s rederi – som också avvecklades under sjöfartskrisen.

Detsamma skedde med veteranen Gränges Shipping. Grängesbergsbolaget hade bildats 1896. 1903, då järnvägen Luleå-Viktoriahavn (det blivande Narvik) stod färdig, fick Gränges kontroll över malmfälten däremellan. Bolaget stod nu även som ägare till ångfartygen Anna, Max och Johan; embryot till en mycket stor fartygsflotta för malmexporten över Narvik. Inledningsvis hade det i betydande grad varit Johnsons och Broströms malmfartyg som stod för transporterna. 1978–79 var sagan Gränges Shipping all. Under sitt trekvartssekel hade rederiet sett 84 större fartyg och åtta bogserbåtar passera revy. Skorstensmärket bevaras i dag endast på veteranångbogseraren Styrbjørn, som njuter sitt otium i Oslo.

Under efterkrigsperioden började anrika Fernström i Karlshamn satsa på stortankers. Det gick som för de övriga. I slutet av 1970-talet var sagan all. Vid samma tid avvecklades likaledes anrika Rederi AB Ragne i Västervik. Så även Rederi AB Monacus i Kungsbacka (se kap 10 Sverige – en stor tank- och bulksjöfartsnation).

Tankerrederiet Malmros i Trelleborg kastade in handduken 1980. Redan några år tidigare hade det kylrederi Malmros hade ihop med Broströms, Atlanttrafik/Oceankompaniet, avvecklats.

Svenska Lloyd gick upp i Broström, som i sin tur gick upp i Transatlantic.

Stolt Crown Stolt Crown vittnar om Perl Shippings samarbete med norska Stolt Nielsen. Fotograf okänd. Ur Bernt Fogelbergs samling / SMMs arkiv.

Jarl R Trapp Fartyget Jarl R. Trapp var Rederi AB Bifrosts sista fartyg. Foto AB Bifrost / SMMs arkiv.

Broschyr från Salénrederierna / SMMs arkiv.

s. s. "Monita"

s. s. "Monestra"

Antigua
Saléns bananjagare Antigua.
Broschyr från Salénrederierna / SMMs arkiv.

1970-tal Göteborgs hamn. Foto Kamerareportage.

Detta anrika rederi hamnade tillsammans med flera andra under Bilspeditions hatt och återuppstod så småningom till namnet, som nytt varumärke på gamla B&N i Skärhamn. Inom dagens TransAtlantic bevaras arven efter SCA Shipping och det anrika Helsingborgsrederiet Gorthon.

Andra Helsingborgsbolag som föll offer i den stora rederidöden var de samverkande Hillerström med anor från 1890 och Transmarin med anor från 1897. Samma väg gick det ursprungligen Jonstorp-baserade bolaget Thore-Rederierna från 1896. Helsingborgsrederiet Bancks tycks ha vikit hädan något tidigare än de övriga. Lite om deras historia – men långt ifrån tillräckligt – visas på Dunkers Kulturhus. Helsingborg har inget kommunalt sjöfartsmuseum.

Arnold de Champs Rederi AB Monark var Sveriges sista ångfartygsrederi, omtalat för fartygens ståtliga skorstenar. 1974 hade även hans fartyg tuffat färdigt.

Sjökapten Christer Ericsson fann sin egen nisch och lät bygga världens första maskindrivna bostadsplattform för offshorebruk. Safe Astoria följdes av ytterligare ett halvdussin fartygsklassade bostadsplattformar, men 1985 gick Ericssons bolag Consafe i konkurs.

Branschen brottades med både vikande lönsamhet och sviktande fraktmarknader. Samtidigt pågick en utdragen period av bitter konfrontation mellan parterna på sjöarbetsmarknaden. Striden handlade bland annat om bemanningsnivåer och huruvida Sverige skulle få en motsvarighet till Norsk Internasjonal Skipsregister (NIS). Den som vill veta mer om de bataljerna får, utifrån olika utgångspunkter, sitt lystmäte i de berörda organisationernas historiker (se Källor och fördjupningstips).

Mycket spännande dokumentation om svensk rederihistoria finns även på Internet, där entusiaster generöst delar med sig av sina värdefulla kunskaper. Dit hör t ex sidorna www.faktaomfartyg.se och www.kommandobryggan.se, samt beträffande Nordstjernan http://johnsonline.pellecarlgren.com.

Foto Terje Fredh / SMMs arkiv.

12

Övervintrarna

Den svenska handelsflottan genomgick stora konvulsioner under 1900-talets sista kvartssekel. Som vi har sett försvann många rederier från scenen. Men det finns också de som lyckades övervintra, anpassa sig till förändrade förhållanden och segla vidare med kurs mot framtiden – om än kanske med helt nya ägare.

12 Övervintrarna

Till övervintrarna hör Tor Line, som sedan 1981 är danskägt (se kap 1 Linjetrafikens genombrott). DFDS Tor Line AB har fem ro/ro-fartyg under svensk flagg.

Industrikoncerner avvecklade sina egna rederier, vars funktion togs över av nya aktörer. Ett exempel är skogsföretaget SCA, vars skräddarsydda transportlösning i form av tre moderna fartyg hör hemma hos nya TransAtlantic (se avsnittet Donsö- och Skärhamnsandan).

Ett annat exempel är byggmaterialföretaget Cementa AB, som numera ingår i HeidelbergCement. Cementa har sina rötter i Slite Cement & Kalk, som efter andra världskriget slogs ihop med Skånska Cement i Malmö. Inte för inte har Gotland kallats ”Kalkstens-Hawaii” i sjömansmun. Strax efter att bolaget bildades 1917 anskaffades motorseglaren Fredrika, som därmed blev embryot till ett eget rederi. Länge hörde fartygen, som alltsedan 1960 burit namn som slutar på -vik, hemma i Malmö eller Stockholm. Men sedan 1986 är cirkeln sluten. Trotjänarna Östanvik och Sunnanvik har Slite som hemmahamn. Det säger emellertid ingenting om ägarförhållandena. Fartygen ägs sedan 2003 av norska Torvald Klaveness Group och bemannas av TransAtlantic i Skärhamn.

Veteraner vid Vänern

Vid Vänerns strand finns två strävsamma rederier som båda lyckats övervintra utan att göra så mycket väsen av sig. Det ena är Thunrederierna i Lidköping. Erik Thun AB grundades 1938 av den just avlidne namngivarens arvtagare Helge Källsson. Troligen leder anorna betydligt längre tillbaka än så. Lidköpings hamn utvidgades i mitten av 1800-talet, och familjen Thun lär tidigt ha varit igång med fraktfart på egna kölar. Dagens Thun driver ett halvdussin torrlastfartyg under svensk flagg, medan dubbelt så många är under norsk, nederländsk eller annan flagg. Ett tiotal produkt- och kemikalietankers under nederländsk flagg opereras i samarbete med Broström.

En svårslagen nestor i obruten svensk rederihistoria är Ahlmark Lines. Epoken Ahlmark inleddes 1847, då den 26-årige Filipstadsbon Oscar Ferdinand flyttade till stapelstaden Karlstad. Där fick han tillstånd att driva affärsrörelse inom områden som handel och spedition. 1855 lär han ha blivit korrespondentredare för nybyggda s/s Uddeholm. Ahlmark avled 1873. Hans brorson Karl August tog över rodret. 1889 fick rederiet sitt traditionstyngda namn O.F. Ahlmark & Co Eftr., långt senare med tillägget A.-B.

Ahlmark har hållit sig till närliggande trader; vänerfart samt nord- och östersjöfart med järn- och skogsprodukter ut och kol och koks hem, på senare decennier ersatta av råvaror till svensk och skandinavisk industri. Fartygen bär av gammal hävd svenska insjönamn; exempelvis de svenskflaggade m/s Alstern, m/s Noren och m/s Sommen.

Världsvana Wallenius

Som vi konstaterade i avsnittet Mellankrigsåren inledde stockholmaren Olof Wallenius sin skeppsredarbana i liten skala med vegetabiloljetankern Soya 1934. Hans första nybygge, Soya II, levererandes 1935 från Eriksberg. Redan året därpå följde Soya III från Löfholmsvarvet i Stockholm. Båda fartygen såldes till Ragne i Västervik krigsåret 1941.

Tor Line
Tor Line föddes 1966 och blev en segerrik konkurrent till Svenska Lloyd. Foto Terje Fredh / SMMs arkiv.

Alstern
Ahlmark är Sveriges äldsta rederi som hållit sig kvar på scenen. Foto Terje Fredh / SMMs arkiv.

Soya III skulle långt senare gå en ny vår till mötes. Inför millennieskiftet fick Wallenius åter detta stycke rederihistoria i sikte. Hon köptes tillbaka, piffades upp i Oskarshamn och tjänstgör nu som rederiets stolta representationsfartyg när hon inte bidar sin tid vid Gåshaga på Lidingö. Trots sina måttfulla 86 bruttoregisterton och 23 meters längd, vilket efter förlängning 1939 ökade till 123 brt och 27 meter, är hon inte minstingen i Wallenius' mycket långa serie av fartyg.

m/s Storholmen anno 1908 har ett förflutet som ångslup i familjerederiets ägo under några krigsår, då hon lystrade till namnet Hillersjönäs. Olof Wallenius hade sommarställe på Färingsö i Mälaren, men bränsleransoneringen gjorde det svårt att ta sig dit. Därför köpte han ångslupen, som då mätte 36 brt och 18 meters längd. Det kan jämföras med Wallenius exakt 100 år yngre nybygge Aniara (II). Hon mäter drygt 70 000 brt och 230 meters längd...

Mycket har hänt mellan inledningsskedets vegetabiloljetransporter och nutidens totala fokus på rullande gods, och det mesta tycks ha gått Wallenius väl i händerna. Rederiet klarade sig ganska helskinnat genom andra världskriget, med s/s Tolken som enda krigsförlista fartyg. Hon torpederades i konvoj mellan Hull och Newfoundland den 13 maj 1942. Hela besättningen räddades.

Både torrlastare och bulkfartyg har passerat revy, och under fyrtiotalet började Wallenius storsatsa på oljetankers, som konsekvent tilldelades förnamnet Soya. Kanske låg både tur och framsynthet bakom beslutet att avveckla det engagemanget före oljekrisen, i vars kölvatten flera svenska rederier skulle sänkas. t/t Soya-Elisabeth, som döptes 1958, var det sista fartyget som tilldelades ett sådant namn. Just då på 1950-talet inleddes så sakteliga specialiseringen på fordonstransporter – med fartyg som alla fick namn från operans värld.

1999 ingick Wallenius ett strategiskt partnerskap med det snart 150-åriga norska rederiet Wilh. Wilhelmsen, som grundades i Tønsberg 1861. Det gemensamt ägda dotterbolaget Wallenius Wilhelmsen Logistics är världens största biltransportrederi med ett hundratal fartyg i flottan.

Därmed borde strängt taget även Walleniusfartyg kunna tilldelas hedersuppdraget att frakta någon container med den garanterat sjöskvalpade norska

SOYA III

Soya III

Soya III är ett stycke rederihistoria som har återbördats till Wallenius.
Fotograf okänd / SMMs arkiv.

ISOLDE
WAL

Wallenius Wilhelmsen
1999 ingick Wallenius ett strategiskt partnerskap med norska rederiet Wilh. Wilhelmsen. Det gemensamt ägda dotterbolaget Wallenius Wilhelmsen Logistics är världens största biltransportrederi med ett hundratal fartyg i flottan.
Foto Terje Fredh / SMMs arkiv.

nationalsnapsen Linie Aquavit över ekvatorn och tillbaka igen – om det inte har skett redan (se faktaruta).

För bemanning samt teknisk utveckling och design av Wallenius-fartygen står Wallenius Marine AB. Rederiet befinner sig på förkant i arbetet med att finna miljölösningar inom sjöfarten. Ett av flera exempel är vattenreningsmetoden PureBallast, som dotterbolaget Wallenius Water AB har utvecklat tillsammans med Alfa Laval. Vidare har fartygen inom Wallenius Wilhelmsen kraftigt minskat sina svaveldioxidutsläpp.

Det är inte enbart genom Salén-avknoppningen Cool Carriers som Sverige har fått en relation till det japanska jätterederiet NYK (se avsnittet Kylfartygens värld). Kopplingen finns även hos Wallenius, som har en lång historia av sjöfart på japanska hamnar och åtnjuter ett mycket gott renommé i Den uppgående solens land.

Under 1970-talet uppstod behov av inomeuropeiska sjötransporter av nya fordon. Specialfartyg byggdes. Norska Ugland kom att dominera marknaden, som mot slutet av 1980-talet omfattade ett tjugotal fartyg. 1990 såldes hela flot-

Madame Butterfly
Madame Butterfly vittnar om en opera med tragiska förtecken.
©Fotoflite / SMMs arkiv.

tan och organisationen kring den till NYK. United European Car Carriers (UECC) bildades, och Wallenius trädde in som hälftenägare.

Ett Wallenius-namn

Ett av Wallenius klassiska fartygsnamn från operans värld är Madame Butterfly. Det lockar till en utvikning.

Begreppet "japaneseri" myntades av den franske 1800-talsförfattaren Charles Baudelaire. Det syftar på den exotism och dragning till det japanska, som på hans tid påverkade en rad västerländska kulturyttringar. Ett särskilt kittlande motiv var den japanska kvinnan. Dock kunde det vara si och så med de kulturella insikterna.

Exotismen späddes på av den franske sjöofficeren Julien Viaud, som blev en framgångsrik författare under pseudonymen Pierre Loti. Hans roman Madame Chrysanthème har kritiserats för kvinnoförakt och en fördomsfull oförmåga att förstå det japanska kynnet. Ändå tillhör den det idégods som formade Giacomo Puccinis berömda opera Madame Butterfly.

Rigoletto
Rigoletto var Wallenius första fartyg med namn från operans värld.
©Fotoflite / SMMs arkiv.

Operan skildrar mötet mellan den amerikanske sjömannen Benjamin Franklin Pinkerton och hans moatjé Ch ch -san, vars namn betyder just "Fröken Fjäril". Hon tjänstgör på ett tehus. Tycke uppstår. Ch ch -san låter sig döpas och paret gifter sig. Pinkerton seglar iväg men lovar att återvända till henne. Ch ch -san föder en son. Pinkerton återvänder, nu i sällskap med en amerikansk hustru och med det enda syftet att föra hem sonen till USA. Ch ch -san begår harakiri.

Pinkertons för- och mellannamn leder till en förebild; fänrik William B Franklin på USS Marion, som låg i Nagasaki 1892 och 1893. Där lär han ha träffat verklighetens tehusflicka Ch -san, varvid de tu blev ett par. Innan fartyget avseglade påstås han ha lovat att återvända till henne. Ch -san födde deras barn men fick vänta förgäves på sin sjöman.

Den amerikanska missionärsfrun Jennie Correll berättade om Ch -sans oblida öde för sin bror, författaren John Luther Long. 1898 publicerade han berättelsen Madame Butterfly i en amerikansk tidskrift. Dramatikern David Belasco tog till sig storyn och kryddade den med det avslutande självmordet. 1900 satte han upp den som skådespel, först i New York och därefter i London. Där råkade Puccini se pjäsen, och på den vägen är det.

Till följd av inbyggda kulturkrockar har operan Madame Butterfly knappast vidrört särskilt många japanska hjärtesträngar. Desto mer gripande är den 15-åriga tjänsteflickan Okichis öde. Enligt eftermälet hade hon tvingats bli den 52-årige amerikanske konsuln Townsend Harris' konkubin. Detta för att den japanska regimen ville hålla den mäktige inkräktaren på gott humör. Han vistades i Japan 1856–62. Den olyckliga Okichi bodde i Shimoda på Izuhalvön sydväst om Yokohama. Hon straffades av grannarna med öknamnet T jin, "Utländskan". Okichi dränkte sin sorg i sake och till sist sig själv i floden.

Desto lyckligare tycks relationen ha varit mellan den 27-årige tyske läkaren och botanisten Philipp Franz von Siebold och hans 16-åriga kvinna Otaki. Året var 1823 och Siebold hade just anlänt till den holländska handelsstationen Dejima i Nagasaki. Men på nyåret 1830 tvingades Siebold lämna sin älskade Otaki och sin blott tvååriga dotter. Han hade ertappats med att försöka smuggla ut kartmaterial och kastades nu ut ur landet.

Först efter 30 långa år kunde Siebold återvända till Japan, där han vistades 1859-62. Åtminstone periodvis träffade han åter sin familj. Vi har Siebold och namnlösa sjöfarare att tacka för mängder av prydnadsblomster, som nu nådde Europa via sjövägen från Japan. Däribland den praktfulla hortensian, i vars vetenskapliga beteckning Otakis namn lever vidare. Dit hör även nationalblomman krysantemum, som fick ge namn åt Pierre Lotis kurtisan. Även paret Siebolds öde har bidragit till det som skulle bli Madame Butterfly. ■

Linie Aquavit

Wallenius partner Wilhelmsen fraktar regelbundet containrar innehållande garanterat sjöskvalpad Linie Aquavit i sherryimpregnerade ekfat. Efter hemkomsten buteljeras den, och genom flaskornas ljusbruna innehåll kan man läsa på etikettens baksida vilket fartyg buteljens innehåll passerade ekvatorn med och när det skedde.

Traditionen leder tillbaka till 1805 och spritdestillatören Jørgen B Lysholm i Trondheim. Hans mor ägde briggen Trondheims Prøve, som inför en resa till Östern hade lastat ett parti potatisbrännvin på fem ekfat. Väl där visade det sig att ingen gav bud på faten, som därför fick fraktas tillbaka till Nidelven. Där upptäckte man att innehållet hade ändrat karaktär och mognat i smaken under resans gång.

Hemligheten lär vara de kraftiga klimat- och temperaturväxlingarna i förening med ständig sjörullning i sherryimpregnerade fat månader i sträck.

Lysholm började sälja sin vara som proviant till Det Jensenske Rederi i Trondheim, föregångaren till Det Nordenfjeldske Dampskipsselskap. Sjömännen lär ha fått en dram då och då. Antagligen bidrog det till produktens spirande lyskraft.

Norska segelfartyg började frakta klippfisk till Sydamerika. Längst nere vid kölsvinet stuvades ett antal ekfat med flytande innehåll. Vid hemkomsten hade de passerat ekvatorn två gånger. Traditionen blev alltmer tydlig.

I mötet mellan segel och ånga började Lysholm få konkurrens av uppstickaren Løiten från Hamar, vars Linie Aquavit har sockertillsats och anses kraftigare. En gemensam nämnare mellan dem lär vara kryddor som kummin, koriander och anis.

Under förbudstiden 1919–26 var – i princip – hela Norge torrlagt. Men viss destillering tilläts för sjukvårdens behov. Lysholm och Løiten övervintrade. Uppfinningsrikedomen firade triumfer, och det var ingen hejd på beställningarna "til medisinsk bruk".

Sedan 1927 har faten utgjort däckslast på Wilh. Wilhelmsens fartyg, vars namn alltid börjar på "T". I många år valdes linjefartyg på Australientraden. Numera fraktas faten i containrar på däck i fartyg som går i mera utsträckt jordenruntfart; alltid med passager över linjen.

Den mest exklusiva linjeakvaviten buteljerades i London under andra världskriget, sedan faten passerat ekvatorn fyra gånger. De gick ut med m/s Tudor strax efter krigsutbrottet. Via Cape Town anlöptes Melbourne. Vid fartygets ankomst till Suezkanalen på hemresan hade kriget nått Norge. Lasten lossades i Port Said, där faten fick stå i drygt ett år. Så småningom fördes de till Suez och lastades ombord i m/s Troya för en ny resa down under. Från Fremantle förde m/s Tijuca dem via Cape Town till Bristol, med efterlängtad ankomst i maj 1942. Kongen i brittisk exil beslutade att den Bombe- eller Dobbelt Linie Aquavit som kunde räddas undan akut torrlagda norska strupar skulle förvaltas av Den Norske Klubb på Trafalgar Square. En sådan flaska bör i dag vara värd en förmögenhet.

Väntan på Donsö brygga.
Foto Sören Håkanlind / Kamerareportage.

13

Donsö- och Skärhamnsandan

Insulär syftar på öar. Ordet kan även antyda självtillräcklig inskränkthet, att öbor skulle sakna berikande kontakter med världen utanför den egna täppan. Alltså passar det väldigt dåligt på de uppemot 1 400 invånarna på Donsö utanför Göteborg, eftersom den lilla klippön på knappt två km^2 troligen är världens mest sjöfartstäta plätt.

13 Donsö- och Skärhamnsandan

Styrsöbolagets Vipan forsar fram mellan Södra skärgårdens kala klippor. Turen från Saltholmen till Donsö går via bryggor på "Kössö" (Köpstadsö) och Styrsö och tar ungefär 40 rofyllda minuter.

Mellan Donsö och det dubbelt så stora Styrsö finns numera en broförbindelse. Men grannöarna är väldigt olika. Styrsö består historiskt av flera olika separata samhällen; ett fiskeläge här, en skuthamn där och så vidare (periodvis inbegripet smugglarnästen) – och i övrigt småbönder vid åkertegar som sedermera naggats i kanten av bebyggelse.

Kanske anar man där en del av hemligheten bakom Donsöbornas födgeni. På deras lilla ö, som fått namn av det duniga halvgräset ängsull (eller av legendens skeppsbrutne holländare Don), var det naturligt att ägna sig åt både fiske, fraktsjöfart och lite jordbruk, samt de hantverk som hör näringarna till.

Vipan glider under Styrsöbron, som kallas "Kråkspången". Hon gör en bryggstuds vid Styrsö Skäret och sneddar över sundet till Donsö hamn. Få fartyg i öns tankerflotta skulle få plats samtidigt om det funnes anledning att anlöpa hemmahamnen. Annat var det förr. Det har berättats att skutskepparna brukade ankra eller lägga till för att gå hem en stund. De hade ju ändå sjövägarna förbi, och dessutom kunde besöken tänkas bidra till återväxten i yrket.

Längst ut på hamnpiren står ett dussintal flaggstänger. På parad vajar den svenska flaggan och rederiflaggorna från alla de rederier som hör hemma på

Donsö. Vid kaj breder Clipperton ut sina 40 meter långa behag, när hon inte är ute på Västerhavet och trålar sill och makrill. Hon och öns övriga trålare vittnar om att den ursprungliga basnäringen fiske fortfarande lever på Donsö.

Tolv rederier

Så är också det närmaste rederiet, Rederi AB Donsötank, beläget i ett om- och tillbyggt gammalt vadbinderi som vilar på osynliga pålar. Rederiets fartyg bär latinska namn som antagligen säger en hel del om Donsöandan: Credo – ”jag tror”, Navigo – ”jag seglar”, Prospero – ”framgångsrik”, Bro Cincero – ”trofast”, Evinco – ”seger” och Excello – ”bäst”. Som namnet Bro Cincero antyder har Donsötank ett visst delat ägande med Broström. Credo skiljer ut sig i öns handelsflotta genom att vara ett bulkfartyg bland idel tankers. Donsötank leds av Roger Nilsson, som är sjöingenjör och väl befaren som ”chief” (teknisk chef) i rederiets fartyg.

Grannen Furetank Rederi AB växer – i storlek på fartygen. Norskflaggade nytillskottet Furevik (ex Bro Erik) är på hela 37 000 dödviktston. En annan egenhet är att Furetanks fartyg har mer vidsträckta trader, exempelvis till Västafrika. Fartygen befraktas från ett Broström närstående bolag i Danmark, där Furetank är delägare. Som brukligt inom öns familjeföretag har Hans Höglund lämnat över VD-rodret till sin son, sjökapten Lars Höglund. På rederikontoret

Göteborg, januari 1941. Isen fryser fast fiskebåtarna vid Donsö. Foto Kamerareportage.

vittnar en modell av familjens första skuta Ragnar om sekellånga rottrådar bakåt.

Rederi AB Veritas Tankers är ett ungt rederi med gamla anor. Rederiet bildades 1983 men namnet vittnar om skonaren Veritas, som VD Ove Johnssons farmors far beställde på Råå 1914. Veritas Tankers driver tre fartyg i nord- och östersjöfart.

Familjeföretaget Tärntank Rederi AB grundades 1958 men har sina rötter i en skeppshandel anno 1904. Redan under första världskriget anpassades en av familjen ägd fiskebåt för att kunna frakta en viss mängd petroleumprodukter. Men specialiseringen på petroleumprodukter tog fart först på 1930-talet. Sedan har det rullat på, i den trygga takt man själva har valt. 1958 köpte den 24-årige Donsöskepparen Sven-Olof Kristiansson sitt första tankfartyg, som efter styvfaderns födelseort långt borta i Uppland döptes till Tärnsjö. VD för dagens

Evinco och Prospero
Rederi AB Donsötank har låtit sina fartyg bära latinska namn som vittnar om Donsöandan. Här Evinco (Seger) och Prospero (Framgångsrik). Foto Terje Fredh / SMMs arkiv.

Tärntank Rederi AB är sonen Olle Kristensson, som har varit till sjöss men aldrig läste vidare till sjökaptensexamen. Sjökapten är däremot hans svåger och kollega Tryggve Möller, som är VD för det helägda dotterbolaget Tärntank Ship Management AB.

På Donsö Hamnväg finns även Rederi AB Älvtank, vars högkvarter med ett propellerblad framför ingången ger mer fartygskänsla än öns övriga rederihus. Älvtank bildades 1948 och var länge specialiserat på Vänersjöfart. Numera trafikerar rederiet nordeuropeiska farvatten med sina produkttankers.

I ett totalrenoverat gammalt ishus utåt hamnpiren till, fortfarande kallat Isbolaget, återfinns Swedia Rederi AB. Bolagets rederihistoria går tillbaka till 1958. 20 år senare grundade bröderna Sture och Willy Johansson Vingatank AB,

som ytterligare tio år senare lämnade över stafettpinnen till nybildade Swedia. Rederiet leds numera av Stures son och svärson. I likhet med övriga Donsö-rederier med fartyg i utrikes fart har Swedia blandade svensk-filippinska besättningar. De filippinska sjömännen rekryteras via det Broström närstående bemanningsbolaget NetShip i Manila.

Hundstjärnan Sirius är den klarast lysande stjärnan på himlavalvet. Således ett anspråksfullt namnval för ett ungt rederi på lilla Donsö. Men från starten 1994 har Sirius Rederi AB snabbt vuxit till en delad förstaplats på ön vad gäller fartygsinnehav; Tärntank och Sirius har ett tiotal fartyg vardera. Familjen Backmans rederi är således en nykomling på scenen, men även här finns maritima rotträdar som löper hundratals år tillbaka. Rederikontoret finns på Donsö men drift och befraktning har lagts ut på dotterbolaget Vald. Andersons Shipbrokers AB på fastlandssidan. Där återfinns även samarbetspartnern Marinvest AB, som är delägare i Sirius. 2001 tog Sirius över det kraschade Dala Rederi AB:s fartyg och 2006 övertog man Rederi AB Brevik, som på sin tid representerade den norra skärgårdens – Öckeröarnas – handelsflotta.

En annan koppling dithän är att Sirius sköter driften av Öckerös stolthet, den tremastade barken Gunilla, som är Sveriges största seglande skepp (se faktaruta).

Det färskaste nytillskottet är Claes Eric Fhagers Kiltank Rederi AB, som grundades 2008 med Charisma av Donsö i flottan.

Ytterligare två rederier är Bunkertell Rederi AB med m/t Tell av Donsö och Donsö Bunkerservice med lilla Alpha av Donsö. Som rederinamnen antyder går de i inre fart.

Börjessons Sjötaxis utflyktsfartyg har Donsö som hemmahamn, även om rederiet har sitt kontor på Styrsösidan. Historiskt rör det sig om samma Börjessons som det som driver Paddan-båtarna samt 127-åriga S:t Erik och ytterligare tre utflyktsfartyg inne i Göteborg. Den familjegrenen ingår numera i Strömma Turism & Sjöfart AB (som i sin tur är ett arv från gamla Bore Line och Ångfartygs AB Strömma Kanal). Rederiet startades av Donsöparet Ellen och Hilmer Börjesson 1939, då snipan Britt tog passagerare mellan Saltholmen och Södra

Skärgårdens öar. I början av 1970-talet delades bolaget. Sönerna Bernt och Helge samt sonsonen Börje gick olika vägar.

Ektank AB och den jättelika Stenakoncernen håller sedan länge till inne i Göteborg men har sina rötter på Donsö.

Gränserna är inte knivskarpa mellan öns rederikontor. Alla känner alla. Antagligen finns det i flera fall släktband som förenar. Det gör även den på ön mycket inflytelserika Missionskyrkan, ”Salen”. Rederierna samarbetar på maritima mässor. Samsyn råder på en rad områden, exempelvis sjömans- och sjöbefälsutbildning och därmed framtidens sjöpersonalförsörjning. Men i fråga om befraktning av fartygen lär konkurrensen vara stenhård.

Något museum över öns unika sjöfartshistoria tycks heller inte vara aktuellt som gemensamt projekt. Donsöredarna har fullt upp med dagen och morgondagen och tycks inte ha något behov av att spana akteröver. Det kan visa sig vara kortsynt.

Maken till Donsö

Antagligen måste vi ta oss till den grekiska övärlden för att om möjligt finna maken till det maritima Donsö. Kandidater saknas ej. Under forntiden var Delos i Kykladerna Egeiska havets självskrivna maritima centrum. På 1800-talet hade den rangen flyttats över till grannön Syros.

1900-talets mest kända redarö var grannön Andros, den nordligaste av Kykladerna, med redarprominenser som Embiricos och Goulandris. Men ön är stor, större än Orust.

En avancerad konkurrent är Chios, just utanför det numera helturkiska Izmir (som hette Smyrna när en viss Aristoteles Onassis föddes där). Chios fick sitt namn efter havsgudens son och har frambringat mängder av sjömanssläkter som blivit skeppsredarklaner, varav Livanos, Frangos och Chandris tillhör de mera kända.

Men här gäller small is beautiful, och även Chios är alltför stort för att mäta sig med Donsö. Emellertid koncentreras de maritima intressena till ”sjöfartens moder”, orten Kardamila i Chios nordöstra hörn – och till den lilla ön

Tärnland

Tärntank Rederi AB [illegible]nsös framgångsrika rederier. D[illegible] 195[illegible] som den 24-årige Donsöskepparen Sven-Olof Kris[illegible]öpte sitt första tank[illegible]yg, som e[illegible]er styvfaderns födelseort långt borta i Uppland döp[illegible]ärnsjö. Även rederiets andra f[illegible]g bär namn som inleds med Tärn. Här Tärnland. Foto Te[illegible] / SMMs arkiv.

TÄRNLAND

Oinousses strax utanför.

Oinousses, ”Vinplatsen”, är något större än Donsö men har bara kring 1 000 bofasta invånare. Nära nog samtliga lär syssla med sjöfart. Framför allt har redarklaner som Hadjipateras, Lyras och Lemos sina rötter på ön, och på somrarna vallfärdar de mangrant till sina palatsliknande villor där. Deras donationer gör det möjligt att driva maritim utbildning och ett sjöfartsmuseum på ön.

Skillnaden gentemot Donsö är att de driver sina rederier i Piraeus, London eller New York. Oinousses har kalamares med tillbehör på tavernan men Donsö har färskrökt makrill och mycket bättre fartyg.

Arbetarparadis

Lite väst om Donsö ligger den lilla Sjumansholmen. Den har även kallats Sjömansholmen, men vilket namn vi väljer kommer på ett ut. Båda namnen lär syfta på sju skeppsbrutna sjömän som höll till i öns djupa grotta efter en förlisning någon gång på 1700-talet. De påstås ha börjat livnära sig på sjöröveri, men det bar sig inte bättre än att Donsöborna slog ihjäl dem.

1929 blev Sjumansholmen sommarparadis för barnen till göteborgska kommunister, som även etablerade sig på grannön Kårholmen. De som med messiansk iver ville inrätta ett jordiskt paradis här och nu fick hjälp att skapa småskaliga sådana av dem som hade mera himmelska vyer. Hyresvärd på Sjumansholmen var den frikyrklige Donsöskepparen Gustav Olsson, far till blivande storredaren Sten A Olsson.

Andra arbetarparadis inrättades på andra öar i grannskapet, med annorlunda förtecken. Exempelvis på Knarrholmen nordost om Donsö. Ön och startkapital till en stugby skänktes 1940 till Götaverkens anställda av varvets mångårige kund, skeppsredaren och generalkonsuln Axel Ax:son Johnson. Han ville visa sin tacksamhet mot varvsarbetarna för deras arbete med rederiets Argentina-serie. Antagligen skedde det i samband med dopet av det nionde fartyget i serien, m/s Ecuador. Generalkonsuln lär egentligen ha tänkt sig att bjuda dem alla på en brakmiddag, men Verkstadsklubben föreslog då en mera bestående gåva. Det blev ön och stugbyn. Numera ägs och drivs anläggningen av facken IF Metall och Handels, till båtnad för deras medlemmar.

I Furetanks rederihus vittnar en modell av familjens första skuta Ragnar om sekellånga rotträdar bakåt. Foto Torbjörn Dalnäs.

Neptunus
Neptunus drivs av Donsörederiet Sirius.
Foto Torbjörn Dalnäs.

Sjöfartsmetropolen Skärhamn

Den anrika skut- och fiskehamnen Skärhamn på Tjörn är till invånarantalet ungefär dubbelt så stor som Donsö. Skärhamn präglas också av sina rederier, även sedan Broström i dess nya tappning flyttade till Göteborg (se kap 10 Sverige – en stor tank- och bulksjöfartsnation). Till dem som finns kvar hör Tarbit Shipping, som tillhör de ledande i Europa på asfalttankers. Tarbit föddes 1962 och driver ett halvdussin fartyg.

Dit hör även EBS Management – där EBS egentligen står för England-Belgium-Sweden Line, efter den trad som rederiets trotjänarinna m/s Barbara seglade på förr om åren. Redarparet Per-Arne och Kerstin Elonsson driver en vittförgrenad verksamhet inom sjöfart, fiske och supply service. Parets kontorshus är ett veritabelt sjöfartsmuseum, som vittnar om en av Skärhamns driftiga sjöfartssläkter. Elonssons supplybåt Gerlis är svenskflaggad och bär hemortsnamnet Skärhamn, men i övrigt varierar flaggorna.

Framför allt präglas det maritima Skärhamn av Rederi AB TransAtlantic, som har lika många land- och sjöanställda som Donsö har invånare. Det nuvarande TransAtlantics första föregångare, AB Nordsjöfrakt, bildades 1972. Men egentligen kan rederiets förhistoria ledas tillbaka till 1963, då den 23-årige sjömannen Folke Patriksson köpte sitt första fartyg, med en kusin som kompanjon. Nederländska Wilhelmine på 440 dödviktston blev nu Sandön med hemortsnamnet Skärhamn och svensk flagg akterut. Redan 1965 såldes fartyget vidare till Donsö, varpå en ny, mer än dubbelt så stor Sandön köptes från Haugesund. Året före bolagsbildningen togs det stora steget. Fartygsbeståndet utökades med Cortia på 1 050 dödviktston. Samtidigt utökades kretsen delägare, som alla var aktivt seglande yrkessjömän, i likhet med Folke Patriksson själv. Fartygen ägdes av partrederier som formellt chartrade ut dem till det nybildade bolaget.

Ekfors
Norskflaggade Ekfors på holländskägda Cityvarvet i Göteborg. Foto Torbjörn Dalnäs.

1989 slog sjöbjörnen Folke Patriksson ihop de affärsmässiga påsarna med det Schweiz-baserade värmländska finanslejonet Lennart Bylock, som också hade seglat till sjöss en tid under ungdomsåren. Bylock & Nordsjöfrakt skulle bli en av Sveriges största rederikoncerner.

Redan 1990 införlivades Gorthon Lines tillsammans med sina fartyg i B&N-familjen. Säljare var det anrika Helsingborgsrederiets nye ägare sedan två år, Bilspedition. I sin strävan att bygga upp en heltäckande transportkedja över land och hav hade detta logistikföretag 1988 även förvärvat aktiemajoriteten i det ännu äldre och nu svårt blödande Rederi AB Transatlantic. Vid samma tid köpte Bilspedition upp kylfartygsoperatören Cool Carriers, som hade sina rötter i den 1984 havererade Salénkoncernen.

Som skorstensmärke och rederiflagg fick Gorthon – till en början och

Nya TransAtlantics rederihus i Skärhamn. Foto Torbjörn Dalnäs.

under en period något senare – behålla sin traditionella logotyp; den karakteristiska kringlan på blå botten (vars likhet med utsmyckningen på äldre kopparmynt gav rederiet smeknamnet ”Femöres-Line”). Rederiet hade sedan länge renodlat en av sina tidigaste specialiteter; transport av cellulosaprodukter.

Med Gorthon kom även det maritima arvet efter 80-åriga Svenska Cellulosa AB in under B&N:s hatt. Skogsföretagets rederi SCA Transport AB avknoppades 1991. Systrarna Obbola, Ortviken och Östrand löpte av stapeln i Sevilla 1996. De ersatte trotjänarna Holmsund, Munksund och Tunadal, som hade sjösatts på Lindholmen 30 år tidigare. Fartygen hamnade hos B&N Gorthon, och sedan dess har SCA Transforest en stabil långtidscharter på dem. De drivs med lågsvavlig olja, är utrustade med katalysatorer och anses vara förebilder i miljöhänseende. Trion är också en garant för att miljoner britter, nederländare och andra skall få sin dagliga tidning. Leveranserna av tidningspapper sker just in time till otåligt frustande långtradare i Tilbury och Rotterdam. De svenska fartygen är helt enkelt flytande papperslager för tidningshus på Fleet Street och motsvarande på andra sidan Kanalen!

Förändringens vindar drar fram även över Skärhamn. Sjöbjörnen och finanslejonet gick skilda vägar, och 2005 ömsade B&N skinn till nya Rederi AB TransAtlantic. Vid en hastig anblick har inte Skärhamnsrederiet så mycket gemensamt med sin namne och föregångare (vars palats vid Packhusplatsen i Göteborg numera bebos av tjänstemannafacket Unionen). Men det finns en tydlig gemensam nämnare: Atlantic Container Line, som numera ägs av Grimaldi Group (se avsnittet Ångan åter på topp i linjesjöfarten). ACL Ship Management, som driver och bemannar containerrederiets fartyg, föddes 1998 och är sedan 2000 ett helägt dotterbolag till B&N/TransAtlantic.

Dessutom har Grimaldi satt fem av sina ”egna” fartyg under svensk flagg, med management i Skärhamn. Därmed har den svenska handelsflottan berikats med en nisch som vi inte har sett till sedan Johnson Lines glansdagar. En av Grimaldis traditionella specialiteter är nämligen att ha passagerarutrymmen på sina lastfartyg.

Vare sig det rör sig om en traditionell sjöresa från A till B eller en round trip-kryssning tycks många lockas av möjligheten att få bekanta sig med ett lastfartyg. Antagligen är de beredda att betala mer för detta höga nöje än på renodlade kryssningsfartyg. Utöver Grimaldi har bland andra tyska Horn-Linie, isländska Eimskip och norska Ivarans slagit sig på denna udda nisch. Det har rentav uppstått organisationer som specialiserat sig på att förmedla passagerarplatser på lastfartyg; exempelvis Cargo Ship Voyages i England, Freighter World Cruises i Californien och Columbus Club i Vårby utanför Stockholm.

ACL står inför beslut om sin fjärde generation ro/lo-fartyg. ACL-ledningen har slagit fast att man måste se om sitt hus och välja annan flagg om inte Sveriges regering fattar beslut om en så kallad tonnageskatt för att skapa konkurrensneutralitet gentemot övriga EU.

Gamla Transatlantics namn lever kvar i Transatlantic Southern Africa Services, som hyr containerplats på fartyg som ägs och drivs av andra operatörer. TSA är i rakt nedstigande led arvtagare till den svenska linjesjöfartens pionjär Kratos 1904 (se avsnittet Linjetrafikens genombrott). Dagens TSA ingår i Svenska Orient Linien. SOL ägs i sin tur av Imperial Shipping i London, som även har kontor och managementbolag i SOL:s traditionella hemmahamn Göteborg. Fram till millennieskiftet hade det dåvarande B&N en betydande ägarandel i SOL.

Nya TransAtlantic är uppdelat i två affärsområden; Industriell sjöfart med divisionerna Atlanttrafik och Europatrafik samt Offshore/Isbrytning.

Till det senare hör de kombinerade isbrytande offshorefartygen Balder Viking, Tor Viking och Vidar Viking, som alla är svenskflaggade, samt det norskflaggade offshorefartyget Odin Viking. Fartygen drivs tillsammans med norske partnern Viking Supply Ships, genom det gemensamt ägda bolaget TransViking Icebreaking & Offshore AS. TransViking har avtal med Sjöfartsverket om att upplåta de tre svenska fartygen till isbrytarassistans under bistra vintrar, som komplement till verkets egna statsisbrytare Ale, Atle, Frej och Oden. I övrigt är de sysselsatta på Nordsjöns offshorefält.

Om nya Broström och dess Skärhamnsbaserade föregångare OT berättas i avsnittet Sverige – en stor tankernation. Ytterligare ett arv från Johanssonbröderna, eller snarare den ene av dem – Lars, är det tremastade segelskeppet

Barken Gunilla

Kring mitten av 1990-talet kläckte salta entusiaster inom föreningen Mot Bättre Vetande på Öckerö idéer, som snart skulle falla i god jord. De hade fått ögonen på en överårig fraktskuta, som på ålderns höst gick med spannmål i närliggande vatten. Hon och en syster hade löpt av stapelbädden i Oskarshamn redan 1940–41 för att tjäna Rederi AB Tellus. Redaren, konsul Arthur Wingren, hade två döttrar som fick ge namn åt de båda motorseglarna: Borgila (som sedan länge njuter sitt otium vid Söder Mälarstrand i Stockholm, och dessförinnan hann med att vara Lysekilredaren Dag Engströms första egna fartyg) och Gunilla.
Den bakgrunden förklarar varför Gunillas galjonsfigur, som föreställer skeppsredardottern, är sedesamt påklädd. Traditionellt brukade fartygens galjonsfigurer annars göras så lättklädda som möjligt inom anständighetens tänjbara ramar, ofta med ena bröstet blottat. Orsaken var att en naken kvinna ansågs kunna få en rasande storm att bedarra.
Föreningen tog initiativ till det som skulle bli Den seglande gymnasieskolan (DSG). Fartyget inköptes, genomgick en ordentlig föryngringskur på Ö-varvet och uppenbarade sig 1999 som stolta, tremastade barken Gunilla – nu Sveriges största seglande skepp! Eftersom den ursprungliga galjonsfiguren bevaras ömt på Sjöfartsmuseet i Oskarshamn lät man göra en exakt kopia, som nu pryder hennes stäv.
Barken ägs av Fiskets Utbildningscentrum men seglar större delen av året för kommunala "Den seglande gymnasieskolan", som också sjösattes 1999. Vanlig gymnasieutbildning på hemmaplan varvas med atlantseglatser på t/s Gunilla, vars titel betyder just training ship. Det innebär att DSG även fungerar som sjömansskola. Grunden läggs för fortsatta studier till däcks- eller maskinbefäl i handelsflottan, för dem som fattar bestående tycke för sjölivet.
Projektet Gunilla är ett exempel på fruktbart samspel mellan samhälle, näringsliv och ideella krafter.

Lady Ellen. Som ung jungman hade Lars Johansson seglat på bramsegelskonaren Ellen av Skärhamn. Han kunde inte glömma den sköna, och hans dröm var att bygga en replik av henne. 1980 befann sig Lars på krönet av sin redarkarriär, och när tillfället uppenbarade sig tvekade han inte. På Kockums i Malmö byggde OT tre fartyg (som skulle levereras 1981, döpta till Finnclipper, Finneagle och Kuwait Express). Samtidigt hade försvarsmakten just återkallat en ubåtsorder på varvet. Stålet till den tilltänkta ubåten fanns på plats. Lars Johansson övertalade varvet att använda det till att bygga en ny bramsegelskonare i stål, efter gamla Ellens ritningar. Sagt och gjort. Lady Ellens sjösättning råkade sammanfalla med OT-konkursen 1982. I stället hamnade hon i charter i Västindien och på Medelhavet. 1993 köptes hon av sin nuvarande ägare och fick Slussen på grannön Orust som ny hemmahamn. ■

Flottisten
Statens maritima museer k-märker fartyg som anses värdefulla att bevara. Syftet är att tydliggöra de kulturhistoriska värdena samt ge stöd och uppmuntran till fartygsägare som vårdar och renoverar fartyg på ett kulturhistoriskt värdefullt sätt.
Foto Johan Jonson / SMMs arkiv.

Sjöfartens myndigheter och sammanslutningar

Sverige har en mycket rik flora av maritima organisationer, sällskap och föreningar. Varje försök att ge en heltäckande bild vore ett vågspel, dömt att misslyckas. Ett oförutsett antal sammanslutningar längs vår långa kust skulle känna sig förbisedda. Låt oss ändå göra ett försök.

Sjöfartens myndigheter och sammanslutningar

Sveriges Redareförening (SRF) tillhör dem som hörs och syns mest på waterfronten, tillsammans med sjömännens fackliga organisationer Sjöbefälsförbundet (SBF), Sveriges Fartygsbefälsförening (SFBF) och SEKO sjöfolk. Vid millennieskiftet togs arbetsgivarfrågorna över av Sjöfartens Arbetsgivareförbund (SARF), varvid SRF blev en mera renodlad intresseorganisation för sjöfartsnäringen. Ytterligare två är skärgårdsredarnas SWEREF (Sveriges Redareförening för mindre passagerarfartyg) samt Passagerarrederiernas Förening. SARF agerar kansli för det partssammansatta forumet Sjöfartens Arbetsmiljönämnd (SAN). Läs mer om dessa organisationer under avsnittet Parterna formerar sig.

Ytterligare ett gemensamt forum är Sjöfartens Brandskyddskommitté, vars uppdrag är att hålla branschen informerad om lagstiftning, brandfarliga produkter och nya släckningsmetoder.

På 1990-talet återuppväcktes Sjöfarande kvinnors förening (ursprungligen namnet på en av medgrundarna till Svenska Sjöfolksförbundet 1932), nu som ett nätverk i gemensamma angelägenheter. WISTA Sweden är den svenska delen av det världsomspännande kvinnonätverket Womens' International Shipping and Trading Association, som finns i ett tjugotal sjöfartsnationer.

De svenska hamnbolagen har sin egen branschorganisation Sveriges Hamnar och skeppsmäklerierna har sin, vid namn Sveriges Skeppsmäklareförening. Möjligen är det shippingmänniskor från skeppsmäklerier och rederikontor som dominerar inom Stockholms Sjöfartsklubb och Helsingborgs Sjöfartsförening, vars verksamhet och inriktning författaren saknar närmare kännedom om.

Swedish Club (Sveriges Ångfartygs Assurans Förening) bildades 1872 som ett ömsesidigt försäkringsinstitut.

Svenska Skeppshypotekskassan grundades 1929 som ett slags statlig bank för att underlätta finansieringen av fartyg och därmed bidra till föryngringen av handelsflottan. Kassan lämnar lån till rederier mot säkerhet i fartyg. Rederinämnden är ett av regeringen utsett organ med uppdraget att pröva rederistöd och följa upp sjöfartens internationella konkurrenssituation.

Sjöfartsforum vill vara branschens gemensamma röst för att öka samhällets och allmänhetens insikter om sjöfartsnäringens betydelse.

Maritima myndigheter

På myndighetssidan har Sjöfartsverket i korthet ansvaret för sjöfartens infrastruktur; att hålla de svenska farlederna öppna genom utprickning, lotsning och isbrytning. De verksanställda lotsarna har sin egen fackförening, det drygt sekelgamla Lotsförbundet. Ett ideellt sällskap med historisk koppling till ett av Sjöfartsverkets verksamhetsfält är Svenska Fyrsällskapet.

I verket ingår sedan 2007 enheten Sjömansservice, som i ett drygt halvsekel stod på egna ben under namnen Handelsflottans Välfärdsråd (1948–76) och Handelsflottans kultur- och fritidsråd (1976–2006). Sjömansservicerådet är ett informellt forum där sjöfartsbranschens företrädare hålls informerade om verksamheten (där även Sjömansbiblioteket ingår sedan 1978).

Kungl. Örlogsmannasällskapet är från 1771 och har som uppgift att intressera sig för sjöväsendet i allmänhet.

Segelkronan, anrik symbol och logotyp för Sjöfart och Sjöförsvar.

Vid utgången av 2008 upphör Sjöfartsinspektionen att vara en del av Sjöfartsverket, för att i stället – tillsammans med de övriga transportslagens motsvarigheter – utgöra den nya Transportstyrelsen. Dit förs även Sjöfartsregistret, som också har ingått i Sjöfartsverket. Sjöfartsinspektionen ägnar sig bland annat åt skeppsmätning, hamnstatskontroller av anlöpande fartyg, tillsyn över sjösäkerhet, sjöfartsskydd, samt bemannings- och behörighetsfrågor.

Ytterligare en av sjöfartens myndigheter är Kustbevakningen, som sedan 1988 står på egna ben efter att i 350 år ha varit en del av Tullverket och dess föregångare. Dit hör likaså Marinen, även om sjömilitära ting möjligen kan tyckas ligga ute i periferin för denna framställning. Dock finns det gemensamma kontaktytor, exempelvis på utbildningsområdet. En sådan är Sjöfartens Nationella Samrådsorgan, som Marinen tog initiativ till 1999. I SjöNS ingår representanter för Marinen och Kustbevakningen tillsammans med företrädare för sjöfartshögskolorna i Göteborg och Kalmar samt den civila sjöfartens organisationer. Som ett brobygge mellan handels- och örlogsflottan strävar SjöNS även efter att hålla ett årligt Maritimt Forum.

Svenskt Marintekniskt Forum grundades 2007 och riktar sig till såväl handelsflottan som fritidsbåtsektorn. SMTF vill vara en intresseorganisation och ett nätverk för den marina näringen i frågor som teknisk utveckling, med miljöaspekter i fokus.

En verklig ”doldis”, åtminstone för handelsflottans folk, är Kungl. Örlogsmannasällskapet anno 1771. Ändå är KÖMS en av upplysningstidens kungliga akademier och har samma status som de långt mer namnkunniga Svenska Akademien och Kungl. Vetenskapsakademien. Det ingår i KÖMS uppgifter att intressera sig för ”sjöväsendet i allmänhet”. Sällskapets organ heter Tidskrift i Sjöväsendet.

Sjöhistoriska Samfundet bildades 1939 och strävar efter att spegla sjöfarten i dess helhet. Dock råder det av tradition en viss slagsida åt det örlogsmarina hållet. Samfundet ger ut tidskriften Forum Navale samt högt kvalificerade maritima skrifter, med stöd av en testamentarisk donation.

Vid utgången av 2002 gick en annan civil-militär kontaktyta i graven, Föreningen Sveriges Sjöfart och Sjöförsvar (FSSS). Lokalavdelningarna i Stockholm,

Karlskrona och Malmö seglar dock vidare, med tidskriften Segelkronan som gemensamt organ. Föreningen hade bildats 1983, genom en sammanslagning av två äldre sällskap: Föreningen Sveriges Flotta (anno 1906) och Sveriges Allmänna Sjöfartsförening (anno 1902). Den senare engagerade sig tidigt i sjöräddningen. Efter en våldsam höststorm 1903 startade man en livbåtskommitté och lyckades 1906 få till stånd en sjöräddningsstation i Stafsinge på Hallandskusten.

Som en direkt följd av föreningens pionjärinsats bildades redan 1907 Sjöräddningssällskapet. Så kallas i dagligt tal ärevördiga Svenska Sällskapet för Räddning af Skeppsbrutne (SSRS). Här finns en risk för hopblandning. Sjöräddningssällskapet är en ideell sammanslutning vars ovärderliga insatser bygger på bidrag och frivilliga insatser. Sjöräddningen syftar däremot på helheten, med Sjöfartsverkets Sweden Rescue – sjöräddningscentralen på Käringberget i Göteborg – som spindel i nätet. Där ingår ett flertal aktörer, varav Sjöräddningssällskapet är en och Kustbevakningen och Marinen ytterligare några.

Maritima stiftelser och fonder

Till de maritima stiftelsernas krets hör fyra sjöfartshotellstiftelser. Två av dem äger fortfarande sina hotellfastigheter, där gästande sjömän kan bo till kraftigt nedsatt pris. De är Stiftelsen Stockholms Sjöfartshotell och Stiftelsen Oskarshamns Sjöfartshotell. De övriga två är Stiftelsen Göteborgs Sjöfartshotell, som erbjuder sjömansrabatt i samarbete med ett halvdussin vanliga hotell, samt Stiftelsen Malmö Sjöfartshotell som gör likaledes om än i blygsam omfattning och begränsat till ett enda hotell.

Medstiftare då Stiftelsen Stockholms Sjöfartshotell grundades 1964 blev föregångaren Stiftelsen Stockholms Sjömanshem, som alltsedan dess har varit representerad i den nya stiftelsens styrelse. "Sjömanshemmet" bedriver en viss hjälpverksamhet och erbjuder stipendier till sjöbefälsstudenter.

Det gör även Sundsvalls Sjöfolksstiftelse, som är ett arv från stadens nedlagda sjöfartshotell. Motsvarande i Luleå är Sjöfartshotellets Fond, som dock lär ha mycket begränsade resurser.

Andra stiftelser som sjöbefälsstudenter kan söka stipendier hos är Elis

Magnussons fond, Kapten Uno Larssons Minne, Stiftelsen Maskinbefälssällskapet i Helsingborg och Sydsvenska Navigationsstiftelsen.

Dit hör även Kaj Rehnströms stipendiefond, som är uppkallad efter den framlidne chefen för Sjöfartens Analysinstitut. SAI, som finansieras med medlemsavgifter och uppdragsarvoden, är en kunskapsbank som bland annat producerar utredningar och marknadsrapporter.

Malmö Sjöfartsförening förvaltar Sydsvenska Navigationsstiftelsen, vars avkastning delas ut som stipendier till sjöbefälsstudenter i Göteborg och Kalmar.

Föreningen sjömanshem i utländska hamnar är det något nedkortade namnet på en ärevördig stiftelse som har sett hela 1900-talet passera revy. Den tidigare officiella benämningen – Svenska avdelningen av Föreningen för skandinaviska sjömanshem i utländska hamnar – föranledde smeknamnet "Föreningen med det långa namnet". Föreningen föddes i Norge 1901 och fick året därpå sin svenska avdelning, samtidigt som det allra första sjömanshemmet invigdes i Hull. Syftet var att hjälpa de skandinaviska sjömännen, som ofta for illa i hamnarna. Sjömanshem etablerades i ett dussintal utomnordiska europahamnar – och avvecklades när verkligheten hade förändrats. När det sista, Scandia i Rotterdam, upphörde som sjömanshem 1983 lade de norska och danska avdelningarna ned verksamheten. Den svenska avdelningen fick till stånd en stadgeändring, som gjorde det möjligt att även "på annat sätt tillgodose sociala, idrottsliga eller därmed jämförliga kulturella ändamål, lämna understöd för beredande av undervisning eller främja vetenskaplig forskning, allt inom handelsflottans område".

Carl Fredrik Liljevalch Jr var en betydande donator, bland annat till den välkända konsthall i Stockholm som bär hans efternamn. Mindre känt är att han på sin tid var initiativtagare till Grängesbergsbolaget och grundade den ännu existerande Liljevalchska understödsfonden, vars ändamål är att lindra nöd bland gotländska sjömän, lotsar och fiskare samt deras familjer.

En annan gotländsk företeelse är Stiftelsen Skeppsredare Eric D. Nilssons Stipendiefond, vars ändamål är att stödja gotländska sjöbefälsstudenter.

Sten A Olssons Stiftelse för Forskning och Kultur har redan nämnts (avsnittet Passagerartrafik i när och fjärran). Still going strong på haven är även Wallenius och Thun. Signe och Olof Wallenius Stiftelse samt Alice och Helge Källssons Stiftelse för utbildning och forskning har båda tydliga maritima ändamål.

Flera stiftelser förvaltas av Sveriges Redareförening. Dit hör anrika Sjömanna-Sällskapet i Göteborg, som bildades 1831 med mottot ”upplysning och välgörenhet”. Dit hör även Stiftelsen Ekedalens och Sjöfartsintresserades Fond, Västra Sveriges Redarekrets Stiftelse för utbildning, undervisning och forskning samt Trelleborgs Ångfartygs AB:s Donationsfond.

Ytterligare ett antal stiftelser lämnar vittnesbörd om rederier som försvunnit från världshaven men ändå finns kvar i denna skepnad; exempelvis ”gamla” Broströms med Broströmska Stiftelsen anno 1920, som äger en stor bostadsfastighet i Göteborg, och ”gamla” Transatlantic med Stiftelsen Wilhelm och Martina Lundgrens Understödsfond. Den senare är ett av flera exempel på stiftelser som saknar eller på sin höjd har en vag koppling till maritima ändamål. Andra sådana är Eric K. Fernströms Stiftelse för främjande av vetenskaplig medicinsk forskning samt Axel och Margaret Ax:son Johnsons Stiftelse för allmännyttiga ändamål. Däremot har Helge Ax:son Johnsons Stiftelse gjort betydande donationer till Sjöräddningssällskapet.

Grundaren av ”nya” TransAtlantics föregångare Nordsjöfrakt, Folke Patriksson, har bildat Stiftelsen för unga kreativa krafter inom svensk sjöfart. Som namnet antyder delas stipendier ut till unga förebilder inom sjöfarten. Det sker i samband med Världssjöfartens Dag, som för Sveriges del arrangeras av Sjöfartsforum varje höst.

Clarence Dybecks stiftelse för sjöfartsutbildning har skapats av den framstående shippingmannen Dybeck, som fram till Salénkonkursen 1984 verkade inom Saléntank och därefter gick sina egna vägar.

Om Salénkoncernen erinrar Sven och Dagmar Saléns Stiftelse, som har allmänt filantropiska snarare än maritima ändamål.

Efter Salénkonkursen 1984 gjordes försök att rädda personalstiftelsens tillgångar. Det lyckades. 1988 bildades Stiftelsen GEVIS-fonden (där GEVIS står för Gamla Vänner i Salén). Destinatärer, som de kallas, är de som vid konkurstillfället den 19 december 1984 var sjö- eller landanställda inom eller pensionerade från koncernens helägda svenska bolag. De har bland annat tillgång till Malma Gård i Stockholms Skärgård och ett fint hus på Ängö i hjärtat av Bohuslän.

Hugo Hammars fond för internationell forskning inom sjöfarten har en inriktning mot sjöfartens alla områden, inbegripet skeppsbyggeriet.

Två maritima stiftelser har tydliga kopplingar till de båda sjöbefälsorganisationerna: Stiftelsen Svenska Maskinbefälsförbundets Stödfond (således närstående det som i dag heter Sjöbefälsförbundet) respektive Stiftelsen Margareta och Rickard Zedelers fond (till stöd för änkor efter sjökaptener och styrmän som under sin aktiva sjötjänst var SFBF-anslutna).

Stiftelsen Sveriges Sjömanshus bildades1972 för att förvalta ett arv som sträcker sig tillbaka till 1748, då det första sjömanshuset föddes i Stockholm. Sjömanshusens uppgifter var bland annat att rekrytera och mönstra yrkeskunniga sjömän, utfärda sjöfartsböcker åt dem, föra noteringar om deras sjötjänst, värnpliktsförhållanden med mera, samt utgöra ett spirande socialt skyddsnät för dem och deras familjer. Sjömanshus fanns i ett femtiotal svenska hamnar, inbegripet de i Finland före 1809. Mot slutet av 1960-talet togs de flesta av deras uppgifter över av Sjömansregistret samt sjömansförmedlingarna inom det dåvarande AMS. Deras tillgångar föstes samman till Sjömanshusstiftelsen, som alltsedan starten varit en klippa till stöd för sjösäkerhet, maritim utbildning och maritim kultur. Stiftelsen hjälper vid behov även enskilda sjömän och deras anhöriga eller efterlevande, i form av olika slags understöd.

Arvet efter den flerhundraåriga sjömanshusinstitutionen vårdas på Sjömanshusmuseet, som är inhyst på det gamla Sjömanshuset i Uddevalla. Till de goda lokala krafterna kring museet, som även speglar krigssjöfarten och Uddevallas rederihistoria, hör den 1985 bildade Sjömansklubben Uddevalla.

Maritim kultur

Till dem som vårdar branschens rika kulturarv hör Sjöfartens Kultursällskap, som i sina medlemsled har både sjöfartens organisationer och indviduella medlemmar. I samarbete med Sjömanshusstiftelsen, Statens maritima museer och branschen i övrigt står sällskapet för en egen maritim monter på varje års Bok &

Fr v Abraham Rydberg i hemmahamn. Foto Julius Grape.
Båt & Sjöfartsmuseet i Onsala. Foto Torbjörn Dalnäs.

Biblioteksmässa i Göteborg. Till aktiviteterna hör även att arrangera kulturdagar och bidra till bokutgivning.

Det salta sällskapet Bokanjärerna bildades i Stockholm 2006. Medlemmarna finns runt hela Sverige och även på Åland. De är mestadels skrivglada sjömän och före detta sjömän, varav flera har hunnit publicera sig i bokform medan andra står i begrepp att göra det. Till Bokanjärernas aktiviteter hör skrivarkurser i samarbete med Skeppsholmsgården i Stockholm.

Sjöfartskulturens permanenta kultplatser är våra maritima museer, varav ett flertal har livaktiga föreningar med hängivna medlemmar knutna till sig. En rese på området är myndigheten Statens maritima museer (SMM), som inom sig rymmer Marinmuseum i Karlskrona samt Vasamuseet och Sjöhistoriska museet i Stockholm.

Initiativ till Sjöhistoriska museet togs redan 1913, på ett möte med Ångfartygs-Befälhavare-Sällskapet (ÅB) i Stockholm. Samma år bildades på ÅB:s initiativ Föreningen Sveriges Sjöfartsmuseum i Stockholm, som alltsedan dess har varit en stödjande klippa för museet. Dock skulle det dröja ytterligare ett kvartssekel innan museet fick permanenta lokaler i arkitekten Ragnar Östbergs bågformade skapelse på Ladugårdsgärde. Invigning skedde 1938.

På liknande sätt var det goda krafter inom den ännu livaktiga Nautiska Föreningen som tog initiativ till Sjöfartsmuseet i Göteborg. Stiftelsen Sjöfartsmuseet i Göteborg förvaltar museibyggnaden anno 1933 samt samlingarna medan det är stadens kulturförvaltning som svarar för drift, verksamhet och personal.

Råå Museiförening bildades 1936, sedan några fiskare och skutskeppare hade börjat samla föremål för att dokumentera den anrika hamnens historia. Året därpå öppnades Råå Museum för fiske och sjöfart. På sin nuvarande position har museet varit sedan 1980. Råå ingår sedan 1918 i Helsingborg. Stödföreningen för Sjöfartsmuseet i Malmö är vad namnet anger för sitt lokala museum, som kom till 1978 på initiativ av och med startkapital från den mångsidige danskfödde Malmöredaren Einar Hansen (Rederi AB Clipper).

På Österlen drivs Branteviks Maritima Museum av Stiftelsen Hoppet, som är arvtagare till den 1955 nedlagda Assuransföreningen Hoppet. Kollegan Skillinge Sjöfartsmuseum drivs av ideella krafter inom Skillinge Sjöfartsminnesförening.

Kalmar Sjöfartsförening driver Kalmar Sjöfartsmuseum med ideella insatser, medan det är Stiftelsen Kalmar Sjöfartsmuseum som äger fastigheten och samlingarna.

På liknande sätt drivs Oskarshamns Sjöfartsmuseum av ideella krafter inom Oskarshamns Sjöfartsförening.

Roslagens Sjöfartsminnesförening driver Roslagens Sjöfartsmuseum i Älmsta vid Väddö kanal.

Skärhamns Sjöfartsmuseum drivs av föreningen De seglade för Tjörn.

Fiskemuseet Hönö Klôva på Öckeröarna drivs av Föreningen Kusttraditioner. Museet närstående är Sällskapet Vikingatida Skepp med två repliker av tidstypiska flytetyg, bärande namnen Starkodder och Vidfamne.

Båt & Sjöfartsmuseet i Onsala invigdes 2000 och drivs av Föreningen Båt & Sjöfartsmuseet i Onsala, som hade bildats fyra år tidigare.

Det finns många fler lokala maritima museer längs Sveriges långa kust som drivs i föreningsform av hängivna krafter.

Sjöfartsnationen Sverige var i många år även en världsledande varvsnation. Arvet från storvarvsepoken vårdas av en rad föreningar. Först ut var Varvshistoriska Föreningen i Göteborg, som bildades 1986. Varvs- och Sjöfartshistoriska Föreningen i Götaälvdalen speglar arvet efter en rad mindre varv som fanns uppströms längs Göta älv. 2003 bildades Varvshistoriska Föreningen i Sölvesborg. Året därpå följde Varvshistoriska Föreningen i Malmö och Varvshistoriska Föreningen i Karlskrona.

Maritima traditioner

Sjöfartshuset på den anrika adressen Skeppsbron 10 i Stockholm ägs sedan 1958 av en traditionsrik maritim fyrklöver, under det gemensamma namnet Endräkten AB. Dit hör Neptuni-Orden, som har sin förhistoria i London under 1801-02. Krig rådde och britterna belade inneliggande svenska fartyg med kvarstad. Ett antal "inblåsta" svenska kofferdikaptener och marinofficerare muntrade upp sig genom att bilda sällskapet Conjunkentus. 1810 förhalade ordenssällskapet till Stockholm, och två år senare ömsade det skinn till Neptuni-Orden. Syftet är att odla kamratskap under maritima förtecken samt att stödja sjömän och efterlevande som är i behov av hjälp.

Andra maritima ordenssällskap, som håller en låg profil utåt, är Coldinu Orden och Svarta Örns Orden.

Utöver Neptuni-Orden består fyrklövern på Skeppsbron 10 av Sjökaptens-Societeten, Sjömannaföreningen och det redan omnämnda Ångfartygs-Befälhavare-Sällskapet.

Flertalet maritima sällskap av detta slag har nautiska rötter. Ett undantag är Sjöingenjörssällskapet i Stockholm, som bildades 1951.

Till de maritima sällskapen i Göteborgstrakten hör, utöver den redan nämnda Nautiska Föreningen, Kanalflottans Ångfartygs-Befälhafvare-Sällskap, Göteborgs Fartygsbefälhavareförening, Göta Älvklubben (se avsnittet Andra världskriget) samt Onsala Kofferdi-Kapteners Förening, bildad 1806 som en kassa "till förmån för skeppareänkor och skeppares faderlöse barn".

Skeppare Societeten i Norrköping står helt på egna ben sedan 1772 men har anor tillbaka till 1641. Societetens lokaler kan tjäna som ett inofficiellt sjöfartsmuseum, eftersom Norrköping saknar ett sådant.

Visby Skepparegille grundades 1682 och är därmed äldst i landet som fristående organisation inom sitt område. Också Skepparegillets lokaler kan ses som ett inofficiellt sjöfartsmuseum, eftersom även Visby saknar ett sådant.

Kalmar Sjökaptensgille och Skepparsocieteten/Sjökaptensföreningen i Gävle hör också till denna celebra krets, i likhet med motsvarigheter som lär finnas i både Härnösand, Sundsvall och andra större hamnstäder.

Det finns också mera informella kamratföreningar, som exempelvis kan bestå av sjöbröder som har seglat inom samma rederi.
Många numera pensionerade svenska sjömän är sedan länge bosatta i Antwerpen, som de under sin aktiva sjötid seglade ut ifrån. När SEKO sjöfolks lokala kontor lades ned år 2000 bildade de Föreningen Antwerpenseglarna, dit även deras nordiska sjöbröder och sjösystrar snart anslöt sig. Föreningen verkar nära de svenska, norska och finska sjömanskyrkorna i hamnen.

Ett mera skämtsamt maritimt sällskap är Märkets Män. Medlemskap tillerkänns den som – i likhet med författaren till dessa rader – bevisligen har varit iland på den ensliga, mellan Sverige och Finland delade fyrön Märket i Ålands hav och där inmundigat champagne.

Maritim utbildning

Stiftelsen Skeppsholmsgården på Skeppsholmen i Stockholm har ett rikt maritimt kurs- och verksamhetsutbud. Den stiftelsen närstående Föreningen Shamrocks Vänner stödjer seglatserna med stiftelsens galeas Shamrock. Under föreningen sorterar även Göran Wålands minnesfond, som med sikte mot handelsflottan har till uppgift att "uppmuntra personer, som ombord visat sig kunna entusiasmera och på ett förträffligt sätt kunna leda sina kamrater till en kreativ och meningsfylld fritid ombord och i land".

I likhet med andra skutor som har utbildningsplatser för ungdomar stöds Shamrock även av Rydbergska Stiftelsen. Abraham Rydbergs stiftelse till danande af skicklige sjömän bildades 1849; uppkallad efter sin upphovsman, en grosshandlare och skeppsredare från Lidköping. Det började med briggen Carl Johan, fortsatte med Abraham Rydberg i tre upplagor och slutade med skonaren/skonerten Sunbeam II. Stiftelsen lever kvar med samma ändamål, men sedan 1955 utan något eget fartyg.

Mängder av ynglingar i åldrar från 15 till 20 år har genomgått stiftelsens sjömansutbildning, däribland celebriteter som poeten Nils Ferlin. Sedan 1929 vårdar de sitt maritima arv inom Besättningen Rydbergsgastarna, vars medlemstidskrift heter Skeppsorder. Denna sammanslutning får ett visst medlemstillskott från ungdomar på de skutor som Rydbergska Stiftelsen samarbetat med på senare år.

Föreningen Mot Bättre Vetande (MBV) bildades 1978 på Öckerö. 1984 inleddes seglarkurser med galeasen Hawila. Senare tillkom gamla sjöräddningskryssaren Astrid Finne.

Till utbildningskretsen må tillfogas Shippingklubben, som har bildats av sjöbefälsstudenter vid Chalmers i Göteborg.

Kalmar Sjömanshem/Sjöfartsklubb bildades 1909 och har med åren allt mer glidit in i rollen som studenthem för Sjöfartshögskolan. Under studenternas sommarferier drar man in pengar genom att hyra ut rummen till turister.

Bevara fartyg – och minnet av dem

Längs kusten och de inre vattenvägarna likaväl som på större insjöar finns ett stort antal historiskt intressanta fartyg av olika storlek som bevaras ömt av lokala föreningar med hängivna entusiaster. Drygt åttio av fartygen har hedrats med Statens maritima museers platta, som stolt uppvisas på framträdande plats ombord: DETTA FARTYG ÄR K-MÄRKT – EN DEL AV VÅRT FLYTANDE KULTURARV. Ett sjuttiotal av dem presenteras i K-märkta fartyg – flytande klenoder (Sjöhistorisk årsbok 2006–2007).

Bland dem är författaren särskilt bekant med Ingo, som drivs av Skonaren Ingos Vänner i Göteborg, s/s Bohuslän som drivs av Sällskapet Ångbåten i Göteborg, samt s/s Herbert, som drivs av Mjörns Ångbåtsförening i Alingsås. Flertalet av veteranfartygen ingår i någon av riksorganisationerna Sveriges Segelfartygsförening eller Sveriges Ångbåtsförening. En annan viktig aktör är Stiftelsen Skärgårdsbåten, som är rederi för s/s Mariefred, ångfärjan Djurgården

3 samt ångslupen Tärnan och även engagerar sig i att andra ångfartyg bevaras.

Ett tydligt släktskap med denna föreningskategori har Föreningen Allmogebåtar i Uddevalla.

En mycket betydelsefull aktör inom den maritima kulturen är Klubb Maritim, som bildades i Helsingborg 1963. Klubben har ett brett register – även om tonvikten ligger på fartygs- och rederihistoria. Verksamhetens bredd speglas i klubbens huvudorgan Båtologen samt i den västra klubbkretsens eget organ Länspumpen. I samma anda verkar Medelpads Sjöhistoriska Förening med sitt organ Lubrikatorn och Värmlands Sjöfartsgille med Spantrutan.

Kyrkliga sällskap

En av waterfrontens kyrkliga aktörer är den Missionskyrkan närstående Stockholms Sjömansmissionsförening, vars föregångare bildades redan 1879. Tolv år senare bildades den redan omnämnda Stiftelsen Stockholms Sjömanshem för att förvalta ett nyinrett sjömanshem vid Slussen. ”Sjömansmissionen” och ”Sjömanshemmet” har i många år varit kommunicerande kärl, där den ene har stått för utåtriktad verksamhet och den andre för ekonomi och administration.

Under en följd av år samarbetade Sjömansmissionsföreningen med Sjömanskyrkan, som drivs av Stiftelsen Sjömanskyrkan i Stockholm. Knuten till Sjömanskyrkans verksamhet är Sjöfolkets Pensionärsklubb.

Motsvarande finns även knutet till Sjömanskyrkan i Göteborg, som drivs av Stiftelsen Sjömanskyrkan i Göteborgs Stift och omfattar verksamhet såväl där som i Halmstad samt i ambulerande form i Uddevalla med kringhamnar.

I Umeås hamn Holmsund driver Föreningen Sjömännens Vänner det som kallas Sjömanshemmet men som egentligen är en Svenska Kyrkan närstående sjömansklubb.

Besläktad verksamhet bedrivs i kyrkans lokala regi i Gävle, Norrköping, Malmö och Helsingborg. Som paraplyorganisation fungerar Sjömanskyrkan i Sverige, som bildades 1987. Varje höst arrangeras på flera av verksamhetsorterna träffar för krigssjömän och deras efterlevande, med stöd av Sjömanshusstiftelsen.

Detalj ur Torsten Billmans freskmålning i biblioteks- och samlingssalen, Göteborgs Sjöfartshotell.

GRÄNSLÖS SJÖFART

1900-talets sjöfart i konsten och litteraturen

Den svenska maritima litteraturen är mycket rik och har i stor utsträckning framfötts ur yrkessjömännens egna led. Få andra yrken torde kunna visa upp dess like. Kanske har det med sjömanslivets speciella karaktär och nimbus att göra, i synnerhet under 1900-talets tre första kvartssekel. Då var det en livsstil snarare än ett vanligt yrke.

1900-talets sjöfart i konsten och litteraturen

Den genomsnittlige sjömannen var ogift och obunden. Enligt schablonbilden var han bofast på sitt fartyg så länge han trivdes ombord. När det var så dags ”kastade han in den blå” (avräkningsboken) och tågade iland med sin sjösäck, stuvad med ett fåtal tillhörigheter – för att efter en tid hemmavid eller i någon världshamn ta ny hyra på något nytt fartyg. Han förde en kringflackade tillvaro och upplevde mycket, både till sjöss och i hamn. Periodvis for han illa och tvingades ”stolpa brandvakt” med tom mage i väntan på ny hyra.
I sin bok Uteseglarna, som gavs ut av Sjömanshusstiftelsen 2001, berättar sjökapten Lennart Revborn mycket förtjänstfullt om den tidens sjömansliv. Boken bär den talande undertiteln ”De som sällan eller aldrig kom hem”. Revborn har även, i ett halvdussin volymer, tecknat de svenska sjömanshusens historia. Han belönades med Stiftelsen Sveriges Sjömanshus Litteraturpris 2002.

Kringflytande samhällen

Fartygen var kringflytande samhällen, ofta med 40 man eller ännu fler i besättningen. Det bäddade för ett socialt liv och ett sammansvetsat kamratskap ombord. Många blivande sjölivsskildrare tog sina första stapplande steg på skrivarbanan i de anspråkslösa skeppstidningar som under det tredje kvartsseklet var vanliga på fartyg i långfart. Andra debuterade i de sjöfackliga tidskrifterna; framför allt Sjömannen och (fram till unionssammanslagningen 1932) Eldaren.

Sjömannen och dess föregångare har genom åren haft mycket stor betydelse som plantskola för oräkneliga skrivglada sjömän, så även denna boks författare. Den mest uppmärksammade av dem alla, Harry Martinson, uttryckte det så här:

De som trodde bäst på mig var mitt facks två tidningar: Eldaren och Sjömannen. Utan dem hade jag väl så småningom gett tappt.

Detsamma kunde ha sagts av eldaren Torsten Billman, som skulle bli en mycket framgångsrik konstnär. 21 år gammal debuterade han 1930 med en teckning i Eldaren. Snart gav han sig hän åt konsten på heltid, men han glömde aldrig de år till sjöss som hade format honom. Ett av konstnärens storverk är den fresk tillägnad havets arbetare som finns i samlingssalen på gamla Sjömanshemmet vid Masthuggstorget i Göteborg.

En annan av våra mest kända sjömanskonstnärer är Gösta Werner. Både han och Billman föddes 1909 och båda seglade in i den sista hamnen 80 år senare. Trots sina långa liv på däck och durk samt på konstens arenor ville ödet att deras vägar aldrig skulle korsas.

Ytterligare en välkänd sjömanskonstnär var rospiggen Harald Lindberg (1901–76); en av dem som presenteras i det 40-sidiga häfte – Sjöfolk i konst och litteratur – som Svenska Sjöfolksförbundet gav ut till en utställning under kongressen 1987.

Hundratals sjöskildrare

1984 gav kulturtidskriften Rallarros ut ett dubbelnummer i bokform med sjölivsskildringar som tema. Skriften fick namnet Till HAVS! och hade en av våra mest framstående sjöskildrare, Ove Allansson, som gästredaktör. Den drygt hundrasidiga skriften informerar om mer än 100 svenska sjöskildrare och ger ett flertal smakprover ur omkring 250 omnämnda bokvolymer.

Till HAVS! står sig väl som introduktion till den svenska sjölitteraturen, men som väntat skulle den visa sig ej vara fullständigt heltäckande. Dessutom har många nya maritima bokverk utkommit sedan den kom ut, ofta med fokus på författarnas yngre år till sjöss. Utgivning förbereds av en ny presentation av den svenska sjölitteraturen, Sjölivets berättare – även denna gång med Ove Allansson som engagerad redaktör.

Allansson debuterade själv 1967, med Resan till Honduras. Genom debattromanen Ombordarna (1971) lyckades han påverka den nya sjömanslag som då höll på att förberedas. Totalt har den före detta svarvaren och "repen" (besättningslistans reparatör) givit ut ytterligare drygt 30 böcker, varav ungefär två tredjedelar är sjölivsskildringar av olika slag. Allanssons signum är engagemang och en burlesk humor, ofta i skön förening. Han belönades med Stiftelsen Sveriges Sjömanshus Litteraturpris 2001, utöver många andra priser och hedersbetygelser under årens lopp.

Sjölitteraturen inkluderar även verk av författare som inte själva trampat däck som yrkessjömän. Dit hör den mycket hyllade romanförfattaren Björn Larsson med böcker som Den keltiska ringen (1992), liksom de stora fartygshaveriernas skildrare Claes-Göran Wetterholm. Dit hör den maritimt engagerade mångsysslaren Anders Wällhed, vars historik över Sjöräddningssällskapet – Den tidlöse sjöräddaren – ledde till att han tilldelades Stiftelsen Sveriges Sjömanshus Litteraturpris 2007.

Dit hör även Arne Gadd (1920–2003), som var en mästerlig kustskildrare i text och bild med böcker som Puffer (1956) och Rökar vid synranden (1960). I åratal var han redaktör för Svensk Sjöfarts Tidnings kulturspalt "Kring kajutlampan", till vars sken många sjömän har lockats med dramatiska historier och

muntra skrönor från hav och hamn. Många av deras högklassiga historier finns i tre bokvolymer. Kring kajutlampan I-II (nytryck) samt III har givits ut av det Svensk Sjöfarts Tidning närstående förlaget Breakwater Publishing, vars utgivning även omfattar annan maritim litteratur.
Tidningens nuvarande kulturredaktör, sjöingenjör Robert Hermansson, är också en flitig författare; bland annat till jubileumshistoriken Sveriges Redareförening 100 år (2006). För sitt författarskap belönades han med Stiftelsen Sveriges Sjömanshus Litteraturpris 2005.

Svensk Sjöfarts Tidnings mångårige chefredaktör, sjökapten Thorsten Rinman, är ett levande lexikon över sjöfarten och dess historia. Ett av många exempel i bokform är Sjöfartens historia (1982), som han skrev tillsammans med Rigmor Brodefors. Ett annat är hans praktverk Rederiet – Johnson Line under 100 år (1990). Till de ovärderliga standardverken på detta område hör även Handelsflotta och sjöfart – Sverige på världshaven (1956) av Thorsten Rinmans far och föregångare på chefredaktörsstolen, Ture Rinman.

Ytterligare en flitig författare på rederisidan var Broströmskoncernens mångårige informationschef Algot Mattsson, som med stor (enligt somliga alltför stor) öppenhjärtighet skildrade ett världsföretags uppgång och fall.

En verklig rese på den sjöfackliga sidan var tidskriften Sjömannens ryktbare redaktör i decennier, Yngve ”Yge” Gyllin. Yge debuterade 1953 med Över gränser och oceaner och gav fem år senare ut Limhamnsfiskare. Hans mest bestående insats i den maritima referenslitteraturen, framför allt på sjöfartens sociala områden, är ändå Förbund på sju hav 1 (1964) och 2 (1982). Efter Gyllins bortgång har även en del 3 givits ut, med Sjömannens nuvarande redaktör Lennart Johnson som huvudförfattare.

Yge har faktiskt påverkat en annan tidskrifts namn. I slutet av 1970-talet ville det nybildade Handelsflottans kultur- och fritidsråd skapa ett eget talrör. Den blivande redaktören testade olika namnidéer på veteranen Yge. Ett av dem var Rorkult. Yge gick till bokhyllan och hämtade Harry Martinsons Vägen till Klockrike. Han slog upp kapitlet ”De egendomliga”, där luffaren Bolle träffar en säterjänta på en enslig fäbod. Yge läste högt:

Harry Martinson-fresk, Sjömanshemmet vid Masthuggstorget i Göteborg. Foto Torbjörn Dalnäs.

Fartyget Nautilus där Harry Martinson arbetade som eldare 1926. Fotograf okänd.
Yngve Gyllin, Gustaf Thordén och Harry Martinson 1954. Fotograf okänd.

... Hon gjorde allt för att ta rädslan ur den häpne luffaren; höll om hans fallos som en rorkult och styrde honom av och an över golvet i sovkammaren. Och han följde uppjagad, lydig och förundrad med i svängarna ...

Därmed avfördes namnförslaget Rorkult. Den nya tidskriften sjösattes 1980 som Utkik och skulle snart få namn om sig som ytterligare en bastion för sjölitteratur och maritim kultur. Jubileumsskriften Ett skepp kommer lastat ... (1998) var egentligen ett dubbelnummer av Utkik. Skriftens "aktra" del tillägnas maritim kultur i vid mening.

Harry Martinsons sjökarriär började inte bra. 1919 placerades han på Skeppsgossekåren i Karlskrona men utsattes för så svår pennalism att han rymde efter bara två veckor. Men ut till sjöss kom han och väl befaren hann han bli. Verk som Resor utan mål (1932) och Kap Farväl! (1933) är odödliga, liksom den blivande akademiledamotens och nobelpristagarens finstämda lyrik – som detta klassiska citat ur Nomad (1931):

Havet är stort – evigt och stort
traderna äro blott linjer
dragna för bröds skull från granarnas land
till sydhavens palmer och pinjer

Martinsons diktarbroder Josef Kjellgren kan såvitt bekant inte uppvisa någon dokumenterad sjötid, men hans romansvit Smaragden (1939) är så initierad att han allra minst bör ha "arbetat sig" inofficiellt mellan hamnar under sina europeiska strövtåg.

Andra på den tiden kända sjömansförfattare som måhända har fallit i glömska är Ragnar Holmström, som bland annat skrev På däck och durk (1927), samt Nils Fredricson, vars Farväl du hav (1946) bygger på författarens upplevelser till sjöss under andra världskriget. Holmström gick bort 1966, Fredricson 1978.

Andra världskriget

Andra världskriget är väl omskrivet i den svenska sjölitteraturen, inte minst av dem som själva var till sjöss under krigsåren. Dit hör Eric S Alexandersson (1922–1999), som seglade utanför spärren och exempelvis upplevde en torpedering som tog många av hans skeppskamraters liv. Alexandersson skrev bland annat trilogin Fri lejd (1974), Bortom oceanen (1975) och Det åttonde havet (1976). Dit hör den sedan länge bortgångne Georg Uhlin med Resor till dödens kust (1979). Dit hör även Paul Paulsson med Hotet från havet (1980). Hans Under svensk flagg (1975) och Under engelsk eskort (1977) utspelar sig dock under första världskriget.

Sjöingenjör Lennart Lundberg har skrivit förtjänstfullt om svensk sjöfart under båda världskrigen (se de avsnitten), liksom om spanska inbördeskriget däremellan. Bohusläningens tidigare lokalredaktör i Lysekil, Terje Fredh, har under en följd av år givit ut en lång rad dokumenterande skrifter om andra världskriget, med början 1976 då Kullagertrafiken gavs ut. För sina insatser tilldelades Fredh, Lundberg och Paulsson Stiftelsen Sveriges Sjömanshus Litteraturpris 2006.

Ytterligare ett värdefullt bidrag är antologin Rapporterad saknad – Sjöfolk i krig med Inger-Siw Eruths Lindell som redaktör. Där finns bland annat exempel på Ragnar Holmströms, Nils Fredricsons, Eric S Alexanderssons och Georg Uhlins prosa i detta ämne. Där medverkar även Ove Allansson och den starkt sjösinnade publicisten Gunnar Fredriksson (som 1982 gav ut I Joseph Conrads farvatten).

Fredrikssons kusin, den flitige Utkik-medarbetaren, förre telegrafisten och kringflackande ”turbindoktorn” John E Persson, gav viktiga bidrag i form av en dokumentationsserie 1990–95 till minne av svenska sjömäns insatser i kriget 50 år tidigare. Persson är en flitig författare till böcker som Stimbåt (1981) och Den vite mannens grav (1986). Den senare är en unik skildring av de svenska skeppare och maskinister som skötte belgarnas transporter på Kongofloden i slutet av 1800-talet och början av 1900-talet. Persson tilldelades Stiftelsen Sveriges Sjömanshus Litteraturpris 2000.

En unik särställning hade Longitude – tidskrift från de sju haven; en årlig publikation med initierade texter och ett unikt bildmaterial från segelfartygens tid, en epok som dröjde sig kvar in på 1900-talet. Longitude hann utkomma med utgåva nr 35 lagom till millennieskiftet. Strax därefter seglade ”Mr Longitude”, utgivaren Jan-Erik Carlstedt, in i den sista hamnen. Därmed var sagan Longitude all, saknad av många.

Sjölivet är flitigt omskrivet av dem som var med. Men den nya sjömanslagen 1973 tycks ha blivit en vattendelare. Den gjorde det möjligt för djupvattensjömännen att leva ett långt mer normalt liv än någonsin tidigare. Sjömännen var inte längre anställda på obestämd tid på det fartyg där de råkat hamna utan direkt av rederiet (eller av ett bemanningsbolag som har rederiets uppdrag). Ett system infördes med dubbla besättningar och avlösningssystem. Under sin tjänstgöringsperiod arbetar sjömannen ihop tillräckligt med ledighet för att kunna vara hemma en lika lång period. Två man delar på samma befattning. Den semestrande sjömannen kan därigenom komma tillbaka till ”sitt” fartyg – eller till ett annat fartyg inom samma bolag.

Kanske blev sjömanslivet alltför "normalt" för att väcka skrivlusten. Sjömännens egna berättelser i bokform om sjömanslivet under 1900-talets sista kvartssekel lyser i stort sett med sin frånvaro. I stället har andra lämnat värdefulla bidrag, via Sjöhistoriska museets bokutgivning. Dit hör Färjefolk av Jonas Engman, Pia Frände och Anna-Clara Hellstadius, Bitumenjagare av Klara Ramberg och Johan Jonson, Sundsvall-Tilbury T.O.R. av Simen Lunøe Pihl och Gunnel Ilonen, samt Isolde av Singapore av Peter du Rietz och Maria Ljunggren.

Dessutom har Ingrid Kaijser gjort en banbrytande insats med den av museet utgivna boken Kvinnliga sjömän – finns dom?, för vilken hon har belönats med Stiftelsen Sveriges Sjömanshus Litteraturpris 2008.

Lagom till Bok & Biblioteksmässan under 1900-talets allra sista år gav Sjöfartens Kultursällskaps föregångare, Sjöfartens Kulturkommitté inom Sjöfartsforum, ut antologin Sjömansboken, med bidrag från 24 mer eller mindre kända personer. I flertalet fall består bidragen av muntra minnen från det traditionella sjömanslivets storhetstid, 1900-talets tredje kvartssekel. Tre av skribenterna är kvinnor; sjökapten Gunnel Åkerblom, matros Elin Dahllöv samt bokens redaktör Berit Blomqvist, som till vardags är VD i Sveriges Skeppsmäklareförening och sekreterare i Sjöfartens Kultursällskap.

Finlandssvenskar

Som vanligt när det gäller oss rikssvenskar hade vi sånär missat vårt östra grannland, liksom det lilla öriket mitt emellan de forna rikshalvorna. I Finland och på Åland har det också skrivits stor svensk sjölitteratur, inbegripet den roman som har betecknats som en av det svenska språkets allra främsta sjöskildringar.

Det syftar på Havets bröd av den helsingforsfödde sjömannen och författaren Håkan Mörne. För den fick han, utgivningsåret 1954, Stora skandinaviska romanpriset. Ett annat av hans verk, Destinerad till Jemen, har av andra finländare kallats "den bästa sjöromanen i vårt land". Den handlar om en åländsk skuta som fraktar vapen till Spanien, där inbördeskriget rasade för fullt när boken gavs ut 1937.

Åländskan Ulla-Lena Lundberg har väckt stor uppmärksamhet, även på vår sida Ålands hav. 1989 kom första delen av hennes romantrilogi om den åländska sjöfarten, Leo. Skonertskeppet Leo fick representera den åländska bondeseglationens glansdagar. Stora världen kom 1991 och Allt man kan önska sig 1995, då med fokus på färjefarten Mariehamn-Stockholm.

På området sjöhistoria är det två namn som utmärker sig. Eirik Hornborg (1879–1965) speglade den äldre delen i klassiska verk som Segelsjöfartens Historia (1923) och Sjörövare (1927). När det gäller 1900-talets sjöfart är nylänningen Thure Malmberg svårslagen. Han är författare till ett stort antal högintressanta och informativa skrifter, flertalet på temat sjöfart med finländsk och ofta även med rikssvensk anknytning. Ett exempel ur bokhögen är den digra jubileumsskriften Femtio år med Silja (2007).

Ytterligare en i raden av finlandssvenska sjöförfattare är Holger E. Eklund, som med sina skrifter och ordböcker har gjort betydande insatser för att sprida kunskap om sjömansspråket; såväl det svenska som det finska och det engelska.

Sjömansvisan

Håkan Mörnes far Arvid Mörne har för övrigt skrivit texten till sjömansvisan Båklandets vackra Maja, som är ett fint exempel ur den rika finlandssvenska visskatten. Ett annat är den åländska folkvisan Vem kan segla förutan vind?. Antagligen är de flesta rikssvenskar totalt ovetande om dessa visors ursprung på andra sidan territorialvattengränsen.

Dock ingår de inte i sjömansvisans oöverträffade ”Bibel”, sjökapten Sigurd Sternvalls klassiska Sång under segel (1935). Sternvall gav ut flera andra böcker, inte minst skildringar från hans mångåriga vistelse i Kina. Ett exempel är Under regnbågsflaggan, en titel som inte syftar på något annat än Republiken Kinas officiella flagga och handelsflagg 1912–29 (i rött, gult, blått, vitt och svart, symboliserande landets fem huvudsakliga folkgrupper).

1980 utkom ytterligare två bokliga bidrag om havets folkmusik; Svenskt Visarkivs Sjömansvisor samt Visor & verser från haven, sammanställd av Anders Björklund och Gunnar Nordlinder, båda var verksamma vid Sjöhistoriska museet.

Evert Taube är i en klass för sig om vi ser till de sjömansvisor som fortfarande sjungs flitigt. Sin ganska begränsade sjötid till trots var han en god iakttagare och noga med detaljerna i den miljö som skildrades, exempelvis i Eldarevalsen. Andra kära sjömansvisor ur hans fatabur är Möte i monsunen, Briggen Blue Bird, Balladen om Gustaf Blom från Borås, Flickan i Havanna och Så länge skutan kan gå.

Under 1900-talets tre första kvartssekel romantiserades det mycket kring sjömanslivet, inte minst i tidstypiska schlagers. Moteld kom 1987. Då sjösatte Musikgruppen KAL (göteborgarna Malte Krook, Bosse Andersson och Christer Larsson) en skiva med sjömansvisor; Havets aktörer och andra visor i satellitnavigeringens tid med egna tonsättningar till mera socialrealistiska texter av Ove Allansson och

Anders Wällhed. KAL har även bidragit till att popularisera äldre sjömansvisor. ■

Taubesalen på Park Avenue i Göteborg. Foto Torbjörn Dalnäs.

1923. Sjöman skrubbar sina fötter.
Foto Kamerareportage.

Maritima uttryck

Aframax ett slags klassindelning som syftar på oljetankers på mellan 80 000 och 120 000 dödviktston. Afra har ingenting med Afrika att göra utan syftar på begreppet Average Freight Rate Assessment.

Andrahandstonnage "begagnade" fartyg.

Atlantens blå band (Blue Riband of the Atlantic) – symbolisk utmärkelse till det passagerarfartyg som allra snabbast har korsat Atlanten.

Avräkningsbok ("den blå") förr den påmönstrade sjömannens individuella häfte med uppgifter om befattning, hyra etcetera samt en sida avsedd för uppsägning inför avmönstring ("kasta in den blå").

Backstörn den inom manskapets backlag (ursprungligen de som åt ur samma back, kärl) roterande sysslan att hämta maten från byssan till skansen.

Barlast (ballast) förekomst av vatten, sten eller järnskrot etc i fartygets inre med huvudsyftet att öka stabiliteten.

Bekvämlighetsflagg syftar på "billiga" fartygsregister som ofta brukar förknippas med släpphänta regler. Den berörde redaren saknar vanligen annat samband med flagglandet än just registreringen.

Bog fartygets förskepp (även riktning ut över fartygssidan för om tvärs, detsamma som kranbalksvis).

Bulk last i "lös vikt".

Bom, last- (eng. derrick) ett slags lyftanordning. (Ursprungligen Londonbödeln Derricks uppfinning för att rationalisera hängningarna på 1600-talet, varpå metoden fick en mindre makaber användning till sjöss).

Bruttoregisterton (brt) mått för fartygets bruttodräktighet, den invändiga rymden av fartygets slutna rum (med vissa undantag).

Burk sjöjargong för container.

Byssa det bland yrkessjömän vanliga namnet på kabyssen, köket ombord.

Containerfartyg se lo/lo-fartyg.

Dejsa att tvingas akteröver genom back i seglen.

Destination sjöresans mål.

Dreja bi att med lämpliga manövrar hålla fartyget på samma position.

Dräktighet rymden av fartygets slutna rum, mätt i brutto- eller nettoregisterton.

Fart (färd) kort för sjöfart, sjötrafik (exempelvis i termen oceanfart).

Fira (ned) att på kontrollerat sätt släppa efter på tågvirke, kätting eller liknande.

Flagg det i sjöspråket vanliga sättet att uttrycka ordet flagga (exempelvis "bekvämlighetsflagg").

Flushdäck ett från för till akter jämnt löpande fribordsdäck som saknar överbyggnader.

Frakt kan även syfta på den avgift som befraktaren betalar för att få en godstransport utförd.

Förbygga renovera eller bygga om ett fartyg ovan vattenlinjen.

Förhala vanligen om förflyttning av ett fartyg från en kaj-/ankarplats till en annan.

Förlig vind vind akterifrån, som driver segelskeppet föröver.

Förlisa om fartyg som går under. Detsamma som att gå i kvav.

Hamnstat det land en hamn ligger i.

Haveriplats olycksplats till sjöss.

Hundvakten vakten på bryggan 0000–0400.

Hyra sjömannens lön. Därav ta hyra i betydelsen mönstra på ett fartyg.

Häck den översta delen av ett fartygs akter.

IMO International Maritime Organization, Förenta Nationernas Londonbaserade sjöfartsorgan.

Inblåst vanligen om segelfartyg som till följd av väder och vind ej kan komma ut ur hamn.

Intendentur köks-, städ- och serveringspersonal.

Intermodal samverkan mellan olika transportslag, exempelvis i befordran av containers.

ITF Internationella Transportarbetarefederationen.

Jungfruresa ett nybyggt fartygs första resa för sitt rederi (ej att förväxla med provturen i varvets regi).

Kapsejsa om fartyg som lägger sig på sidan eller slår runt. Detsamma som att kantra.

Koj (även "slaf" och "binge") sängplats ombord. Det äldre "bunke" (eng. bunk) kom även att betyda kolbox, vilket – överfört till nya drivmedel – myntat de globalt gångbara orden bunkra, bunkers etc.

Kontinenthamnar syftar vanligen på tyska, nederländska, belgiska och franska nordsjö- och kanalhamnar.

Krigskontraband gods som "svartlistats" av krigförande part om det är destinerat till någon av motsidans hamnar.

Kvarstad förbud för ett fartyg att lämna hamn.

Kvav, gå i om fartyg som går under. Detsamma som att förlisa.

Kölsvin långskepps löpande förstärkning i fartygets bottenkonstruktion.

Lanterna namn på skeppslyktor av olika slag (sido-, topp-, akter- och ankarlanternor).

Linjekonferens ett slags konkurrensbegränsande kartell för sjöfrakter.

Linjetrafik sjöfart på bestämda rutter och hamnar, numera efter tidtabell.

Logistik samordning av transportslag ("rätt sak på rätt plats vid rätt tidpunkt").

lo/lo-fartyg tillämpar lift on/lift off-principen, det vill säga vertikal lasthantering med hjälp av fartygets egna eller – vanligen – landbaserade kranar. Renodlade containerfartyg är exempel på lo/lo-principen.

Läktra överföra last eller bunkerolja från ett fartyg till ett annat.

Lämpare (trimmer) den som skyfflade fram kolet till eldaren på kolfyrade ångfartyg.

Maskintelegraf i äldre fartyg en mekanisk anordning mellan bryggan och maskinrummet för order om maskinmanöver.

Matartrafik (feeder) om mindre fartyg som förser större oceangående fartyg med last eller passagerare.

Man och allt, med (crew and all) om förlisning då ombordvarande och last har följt med fartyget i djupet.

Motsjö vågor som möter fartyget och orsakar stampning.

Mäss matsal ombord.

Paragrafare fartyg som är byggt för att med maximal lastförmåga balansera strax under 500 bruttoregisterton, gränsen för att tvingas införa trevaktssystem enligt sjöarbetstidslagen 1948.

Paravan plogliknande anordning på fartyg under andra världskriget för att svepa undan förankrade minor.

Partrederi ett maritimt anpassat handelsbolag med personligen ansvariga, ofta aktivt seglande delägare, varav en utses till huvudredare. Bolagsformen har haft stor betydelse för den skandinaviska sjöfartens utveckling.

Preja (via holländska praaien från fra. prier, "bedja") egentligen bara att anropa men i krigstid ofta med betydelsen att (underförstått med hot om vapeninsats) anmoda/beordra ett annat fartyg att dreja bi eller göra stopp i maskin i syfte att kontrollera fartygets identitet och last.

ro/ro-fartyg lasten lastas/lossas enligt roll on/roll off-principen, det vill säga körs ombord/iland via en akter- eller sidoport.

Sjapp vanligt sjömansuttryck för hamnkrog.

Sjöförklaring bevisupptagning bestående av befälhavarens redogörelse för en inträffad fartygsolycka.

Skalka luckan skydd mot vatteninträngning genom att täcka träluckorna på äldre fartygs lastrumsöppning med presenning, som kilas fast i luckkarmen med luckkilar av trä.

Skans förr manskapets kollektiva bostad under backen längst förut.

SOS sedan 1912 nödsignal bestående av de distinkta, hopdragna morsetecken för just SOS (··· – – – ···). Radiotelegrafin har förpassats till sjöhistorien, men vid nödläge kan SOS-signalen fortfarande avges med lykta, tuta etc. Radiotelefonins talade motsvarighet till SOS är Mayday (av fra. m'aidez, "hjälp mig").

Splejsa (eller splitsa) att exempelvis förena två tampar med varandra. Kan i sjömansspråket även syfta på att gifta sig.

Stampa om fartyget när det vid motsjö slår hårt med bogen i vattnet.

Stapelstad hamnstad med tullkammare och tillstånd att bedriva internationell sjöfart.

Strandning grundstötning vid kust.

Stryka flagg om örlogsfartyg som överlämnar sig till främmande makt.

Stå i båten sjömansuttryck för den tid man var påmönstrad ett fartyg.

Stäva mot lägga kursen mot en viss destination.

Surra att fastgöra något, exempelvis med tågvirke.

Sveabakelser och Svenska Lloyd-bakelser skämtsamma namn på skeppsskorpor från en tid då sjömännen ansåg sig ha anledning att jämföra kosthållet i olika rederier.

Svettragg (sweat rag) trasa som sjömannen brukade ha om halsen, ständigt till hands för att torka svett (och på ångfartygens tid även sot) med.

Säkerhetsbesättning den minimibemanning som krävs för säker drift av fartyget, kort uttryckt däcks- och maskinfolket.

TAP-avtalet TAP uttyds "tillfälligt anställd personal" och syftar på den 1998 överenskomna möjligheten att anställa internationellt sjöfolk på svenskflaggade fartyg till särskilda lönevillkor.

Teknisk chef ny beteckning på den ledande befattningshavare som tidigare kallades maskinchef ("chiefen"). I befattningen ingår ansvaret som fartygets brandchef.

Tjocka sjöuttryck för dimma.

Tonnageskatt möjlighet att skjuta upp beskattning av vinst vid fartygsförsäljning i avvaktan på att konjunkturen och marknadssituationen gör nybeställning på varv eller köp av andrahandstonnage lämplig. Summan fastställs schablonmässigt utifrån fartygets lastkapacitet i nettoregisterton.

Trad linje, rutt.

Trampfart sjöfart där rutten anpassas efter tillgången på frakter.

Törn tjänstgöringsperiod.

Uppbringa att ett fartyg i fientligt syfte tar över ett annat fartyg.

Vad (exempelvis i vadbinderi) ett nät som omsluter och stänger in fisk.

Vaskställ sjömansterm för tvättställ.

Waterfront syftar vanligen på strandpromenad i hamnstad.

Viken sjömansnamn på Persiska Viken.

Windjammer stort segelfartyg.

Överhalning kan bland annat syfta på en grundlig översyn och renovering av fartyg.

Källor och fördjupningstips

1900-talets fartygsarkitektur i Sverige 1-2 (2004). Hans Åkerlind.
Annorlunda loggbok (1974). Yngve "Yge" Gyllin.
Broströmskoncernens Sjöfartsföretag och deras fartyg (1946).
Donsöfartyg – förr och nu (1999). Esbjörn Hillberg och Göran Valinder.
Dömd till döden för Amalthea (1962). Anton Nilson.
Ett skepp kommer lastat... (1998). Hans Fredriksson och Torbjörn Dalnäs (huvudförfattare).
Femtio år med Silja (2007). Thure Malmberg (historik) och Marko Stampehl (fleetlist).
Från talgkokare till teknisk chef (1998). Karl-Erik Finnman och John E Persson.
Fyrtio år med Silja Line's vita båtar (1997). Thure Malmberg.
Förbund på sju hav 1-2 (1964, 1982). Yngve "Yge" Gyllin.
Förbund på sju hav 3 (1998). Lennart Johnsson (redaktör och huvudförfattare).
Handelsflotta och sjöfart – Sverige på världshaven (1956). Ture Rinman.
Handelsflottan under första världskriget (2006). Lennart Lundberg.
Handelsflottan under andra världskriget (2007). Lennart Lundberg.
Historien om Stena Bulk (2007). Robert Hermansson.
Hundra år med Svensk Sjöfarts Tidning (2005).
Huset Broström (1980). Algot Mattsson.
Hårt babord (1939). Evert Holm.
Innanför spärren (1985). Terje Fredh.
Johnson Line 100 år (utställningskatalog utgiven av Sjöhistoriska museet 1990).
Kampen mellan segel och ånga (1994). Jan Olsson och Anders Wällhed.
Kinakaptenen (1986). Anders Nilson.
Krigsmalmens offer (1993). Lennart Lundberg.
Krigsseglare (1997). Terje Fredh m.fl.
Kvinnliga sjömän – finns dom? (2006). Ingrid Kaijser.
Lejdtrafik och kvarstad (1999). Lennart Lundberg.
Longitude 22 (1986). Essän Segla med olja. Heinz Burmeister.
Längs långsiktiga vattenvägar (1997). Anders Wällhed.
Med Albatross över världshaven (1950). Hans Pettersson.
Memoarer (1987). Charles Lindley.
Männen på bryggan (1957). Hjalmar Bååw.
Männen på bryggan (1957). Hjalmar Bååw och Claes Krantz.
Nordstjernan inifrån (1990). Sören Larsson (redaktör).
Nordström & Thulin 1850-2000 (2000). Anne-Marie Lenander Fällström och Magnus Atterfors.
Passagerare till sjöss – Den svenska färjesjöfartens historia (2006). Anders Bergenek och Klas Brogren.
Radion och radiotelegrafisten (1991). Birgitta Gustafsson.
Rapporterad saknad – Sjöfolk i krig (2002). Inger-Siw Eruths Lindell (redaktör).
Rederiet – Johnson Line under 100 år (1990). Thorsten Rinman.
Sjöfartens Bok 2008 (Svensk Sjöfarts Tidning nr 23 2007).
Sjöfartens Historia (1982). Thorsten Rinman och Rigmor Brodefors.
Svenska handelsflottans krigsförluster under Andra världskriget (SOU 1963:60). Rolf Vallerö.
Svenska handelsflottans krigsförluster åren 1914-1920 (1921), utgiven av Kommerskollegium.
Svenska sjömansbragder av i dag (1942). Sten Söderberg.
Svenskarna i spanska inbördeskriget 1936–1939 (2001). Lennart Lundberg.
Svenskt sjöfolk i krig och fred (1949).
Sveriges Fartygsbefälsförening 1907–2007. Linda Sundgren.
Sveriges Maritima Index 2008 (Svensk Illustrerad Skeppslista).
Sveriges Redareförening 100 år (2006). Robert Hermansson.
Thunbolaget 1938-1988 (1988). Jan Davidsson.
Till HAVS! (1984). Ove Allansson (redaktör och huvudförfattare).
Utanför spärren I-IV (1981–84). Terje Fredh.
Uteseglarna (2001). Lennart Revborn.
Utkik – särtryck från 1990–95 (Till minne av svenska sjömäns insatser under kriget 1940-45). John E Persson (huvudskribent).
Walleniusrederierna 1934–1984 (1984).
Vår historik – Scandlines (1997). Monica Andersson.

Samt Terje Fredhs småskrifter om andra världskriget, alltifrån Kullagertrafiken (1975).

Föreningen Sveriges Sjöfartsmuseum i Stockholm

BESKYDDARE	H M Konung Carl XVI Gustaf
STYRELSEN	
ORDFÖRANDE	Ronald Bergman, direktör
1:E VICE ORDFÖRANDE	Hans Christner, direktör
2:E VICE ORDFÖRANDE	Claes Anchér, direktör
KASSAFÖRVALTARE	Bengt Fris, direktör
LEDAMÖTER	Lars Boman, advokat Per Croner, direktör Johan Karsberg, direktör Göran Larsbrink, amiral Jan Larsén, direktör Håkan Wahlbom, skeppsmäklare Christel Wiman, hamndirektör Kaj Ytterskog, bankdirektör
SUPPLEANTER	Per Högberg, direktör Hans Laidwa, direktör Magnus Sederholm, direktör
ADJUNGERAD LEDAMOT	Hans-Lennart Ohlsson, museichef
REVISORER	Evy Jacobsson, aukt. revisor Erik Gustav Brusewitz, aukt. revisor
SEKRETERARE	Karin Meddings, projektledare
REVISORSSUPPLEANTER	Curt Söderström Erland Ringblom

Sjöhistoriska museet

Sjöhistoriska museet ingår i myndigheten Statens maritima museer (SMM). Inom ramen för sin uppgift att bevara och främja kunskapen om det maritima kulturarvet bedriver SMM insamling, dokumentation, utställnings- och programverksamhet. SMM är också marinarkeologisk remissinstans. På Sjöhistoriska museet finns Nordens största nautiska bibliotek samt rika arkiv- och fotosamlingar. Ragnar Östbergs vackra nyklassicistiska byggnad från 1938 rymmer en ständigt växande museiverksamhet. I Statens maritima museer ingår också Marinmuseum i Karlskrona och Vasamuseet.

Besöksadress: Djurgårdsbrunnsvägen 24
Postadress: Box 27131, 102 52 Stockholm
Tfn: 08-51 95 49 00

Föreningen Sveriges Sjöfartsmuseum i Stockholm

När Sjöhistoriska invigdes i maj 1938 hade ett sjöhistoriskt museum i Stockholm diskuterats i 40 år. En av de starkaste pådrivarna för museibygget var Föreningen Sveriges Sjöfartsmuseum i Stockholm, bildad 1913 på initiativ av bland andra Ångfartygs-Befälhavare-Sällskapet i Stockholm och Sveriges Fartygsbefälsförening. Genom gåvor och inköp lades grunden till de samlingar som idag finns på Sjöhistoriska museet.

Föreningen spelar fortfarande en aktiv roll i den breda maritimhistoriska verksamhet som museet bedriver. Genom ekonomiska bidrag och gåvor från föreningen kan museet samla in föremål samt bygga modeller och utställningar utöver vad de ordinarie anslagen tillåter.

Föreningen Sveriges Sjöfartsmuseum i Stockholm har som ändamål att främja intresset för Sjöhistoriska museet och dess verksamhet. Du kan bidra till detta arbete genom ett medlemskap i föreningen.

Detta får du som medlem

- Fri entré till Sjöhistoriska museet, Vasamuseet och Museifartygen i Stockholm samt Marinmuseum i Karlskrona under allmän öppettid,
- Sjöhistorisk årsbok, som utkommer vartannat år och behandlar olika maritima teman inom Sjöhistoriska museets verksamhetsfält,
- inbjudan till vernissager och specialarrangemang på Sjöhistoriska museet,
- Sjöhistoriska museets informationstidning hem i brevlådan tre gånger om året, med förhandsinformation om alla aktiviteter på museet,
- 10 procent rabatt på ordinarie sortiment i museibutikerna på Sjöhistoriska museet, Vasamuseet och Marinmuseum Karlskrona.

Medlemsavgifter och information

Medlemsavgift/kalenderår: 200 kr **Ständig medlem:** 2 000 kr **Postgiro** 480 92 68-8
Medlemsinformation: Nina Karlsson, tfn 08-660 37 50 **E-post:** foreningen.sjohistoriska@maritima.se
Adress: Box 27 131, 102 52 Stockholm

Bidragsgivare 2006–2008

Karl-Göran Ahlin
Lars Andersson
Frans Beijer
Clas Borgström
Seth Carlsson
Uno Davidsson
Rolf Grentzelius
Lars Grindhammar
Peter Hjertzell
Sture Holm
Bo Håkansson
Arne Karlsson
Hans Nyberg
K-G Petersson
Villy Pettersson
Douglas van Reis
Nils Sandström
Gösta Stenhorn
Torbjörn Thelander
Ingvar Thörncrantz
Roland Wahlfrid
Kurt Wingstedt
P. Staffan Ålund

BIRGER JARL

BIRKA

BORE

BRAGE

BRYNHILD

EGIL

FENRIS

HEIMDALL

HUGIN

IRENE

KARSKÄR

KONUNG OSCAR

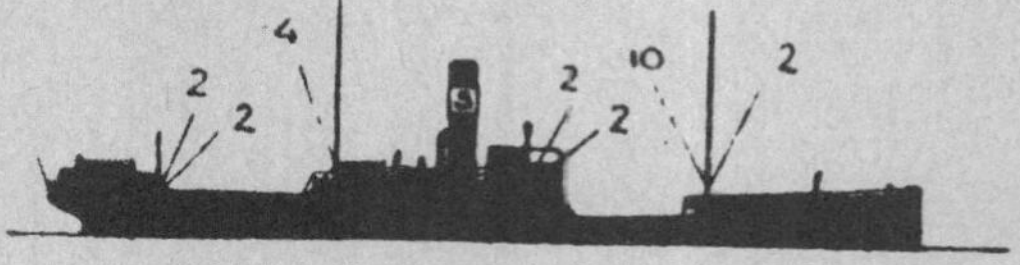
MIMER

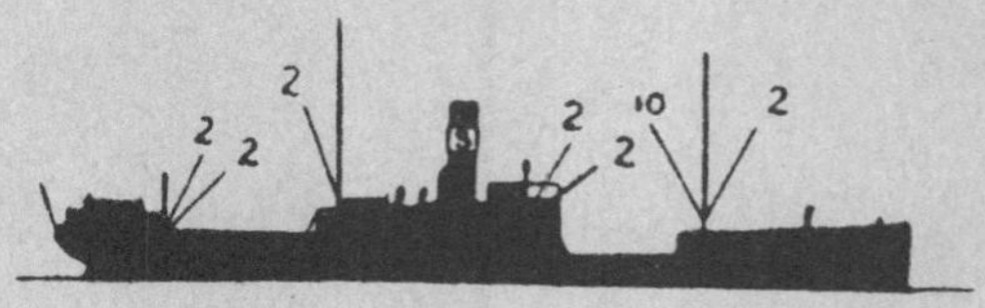
MJÖLNER